Haftungsausschluss: Dies ist ein fiktives Werk und hat mit der tatsächlichen Aufführung von „Tristan und Isolde" anlässlich der Bayreuther Festspiele nicht das Geringste zu tun. Alle Personen sind frei erfunden. Nur Bayreuth ist real.

MIX
Papier aus verantwor-
tungsvollen Quellen
FSC® C083411

Auflage:
4	3	2	1
2020	2019	2018	2017

HAYMON tb 179

Originalausgabe
© Haymon Taschenbuch, Innsbruck-Wien 2017
www.haymonverlag.at

ISBN 978-3-85218-979-6

Umschlag- und Buchgestaltung nach Entwürfen von hœretzeder grafische gestaltung, Scheffau/Tirol
Umschlag: Eisele Grafik · Design, München, unter Verwendung von Bildelementen von bigstock.com/vichie81 (Sofa), bigstock.com/Life on White (Hund), bigstock.com/cynoclub (Kette), bigstock.com/Bigy9950 (Vorhang), mauritius images/imageBROKER/Helmut Meyer zur Capellen (Skulptur Richard Wagner von Ottmar Hörl, Bayreuth)
Satz: Da-TeX Gerd Blumenstein, Leipzig
Autorenfoto: michele corleone © 2016

Gedruckt auf umweltfreundlichem, chlor- und säurefrei gebleichtem Papier.

Tatjana Kruse

Schampus, Küsschen, Räuberjagd

Ein rabenschwarzer Pauline-Miller-Krimi

Tatjana Kruse
Schampus, Küsschen, Räuberjagd

Für Benedict Cumberbatch,
der mich von meiner Flugangst heilte*

Steckbriefe der handelnden Personen

Pauline Miller:
keck, kurvig und ein kleines bisschen durchgeknallt
Beruf: Opernsängerin
Hobby: Verbrechen
Große Lieben ihres Lebens: Radames (definitiv),
Arnaldur (ziemlich definitiv), Papa Miller (klar)

Radames Miller:
geborener Ray of the Ridgebridge, reinrassiger
Boston Terrier aus ... nun ja ... Boston
Frauchen: die Operndiva Pauline Miller
Besondere Kennzeichen: Narkoleptiker

Marie-Luise „Bröcki" Bröckinger:
auch „der menschliche Rammbock" genannt, weil
sie grundsätzlich immer mit dem Kopf durch die
Wand geht, auch wenn sie noch gar nicht weiß,
was sie im Nebenzimmer will
Beruf: Künstleragentin
Körpergröße: 128,5 cm
Verliebt in: Laurenz Pittertatscher,
Kriminalkommissar (195 cm)

Yves-Francois DuBois:
kurz „Yves"
Countertenor (also einer, der wie ein Kastrat singt,
aber keiner ist) und Mann für alle Fälle
Talent: Frauenflüstern
Achillesferse: kann nicht mit Geld

Arnaldur Atlason:
Isländer, Mann, Dirigent (in dieser Reihenfolge)
Besondere Kennzeichen: Vollbart, gletscherblaue
Augen, lispelt
Verliebt in: Pauline Miller

**Auch dabei: zwei Juwelendiebe, eine Witwe, ein
Perserkater sowie ein Stalker und dessen Mutter**

Steckbrief des Schauplatzes

Bayreuth: schnuffige Festspiel- und Universitätsstadt im bayrischen Regierungsbezirk Oberfranken mit ca. 70.000 Einwohnern, dem zum UNESCO-Welterbe gehörenden Opernhaus „auf dem grünen Hügel" und dem Kfz-Kennzeichen BT.

Der Literat Jean Paul (1763–1825) sagte einmal in einer Liebeserklärung an die Stadt: „Du liebes Bayreuth, auf einem so schön gearbeiteten, so grün angestrichenen Präsentierteller von Gegend dargeboten – man möchte sich einbohren in dich, um nimmermehr heraus zu können." Ein Mann, ein Wort: Er ist in Bayreuth gestorben ...

Tristan und Isolde

Oper in drei Aufzügen

Libretto: Richard Wagner
Originalsprache: Deutsch
Uraufführung: 10. Juni 1865, München

Besetzung der diesjährigen Festspielzeit:

Tristan (Tenor) ... Carlos Meister
König Marke (Bass) ... Kilian Kirchbichler
Isolde (Sopran) ... Pauline Miller
Kurwenal (Bariton) ... Kwang Yu
Melot (Tenor) ... Veit Hofer
Brangäne (Sopran) ... zur Drucklegung noch offen
Ein Steuermann (Bariton) ... Emilio Castilliani
Ein junger Seemann (Tenor) ... Biff McGillicuddy

Miau!

Wenn Männer zu sehr lieben ...

Zärtlich gleiten seine Fingerspitzen über sie.

Er bekommt eine Gänsehaut. Die kleinen, dunklen Härchen auf seinem Arm gehen in Habt-Acht-Stellung, sein Atem wird schwerer, sein Puls rast.

Der Blick, der durch die Sehschlitze einer schwarzen Skimaske fällt, wird weich.

Das ist der Moment, auf den er so lange gewartet hat. Oft ist man nach ewig langer Warterei enttäuscht, weil es doch nicht so beglückend ausfällt, wie man gedacht hat. Aber nicht er, nicht hier und nicht jetzt. Er schwebt im siebten Himmel.

Genau so hat er es sich vorgestellt. Die kühle Eleganz einer spröden Schönen, die nun ganz ihm gehört. Im Licht seines Handy-Displays leuchtet sie auf, wirkt noch glänzender angesichts der sie umgebenden Dunkelheit.

Alles in ihm erbebt.

Er lauscht.

Die Schlafzimmer der Stadtvilla liegen auf der anderen Seite des Flurs, doch trotz der Entfernung ist das gleichmäßige Schnarchen der Hausherrin zu hören.

Mit fast religiöser Andacht streckt er den Arm aus und nimmt die Diamantkette behutsam in die behandschuhte Rechte.

Dabei tritt er automatisch einen Schritt nach vorn. Sein – für einen Mann schmaler – Fuß landet auf etwas Weichem.

Etwas Weichem, das lebt.

Und im nächsten Moment laut aufjault.

Vor Schreck lässt der Vermummte die Diamantkette fallen wie eine heiße Kartoffel und taumelt nach hinten. Selbst wenn er sich mit der Lokalität vertraut gemacht hätte, als er sich vor exakt dreieinhalb Minuten durch die Dachluke in den Flur abseilte, anstatt sich sofort in das angrenzende riesige, begehbare Ankleidezimmer zu schleichen, in dem die Kette bis gerade eben am Hals einer Schaumgummibüste auf einem Podest ruhte (wie es ihm die von ihm unter Alkohol gesetzte und heftig bezirzte Putzfrau hilfreicherweise erzählt hatte), hätte er den gleich darauf eintretenden Worst Case nicht verhindern können.

Weil er ganz automatisch den Fuß, der auf die weiche, lebende Masse getreten ist, vor Schreck nach oben reißt, wobei sein Oberkörper in eine Schräglage gerät, ziehen ihn physikalische Kräfte unausweichlich nach hinten. Auf ein Hindernis zu.

Er prallt mit dem Rücken auf etwas Metallisches, Großes. Verzweifelt rudert er mit den Armen, um seinen Oberkörper wieder nach vorn zu reißen, aber es ist zu spät.

Die Ritterrüstung hinter ihm gerät in eine ganz eigene Schwingung, die darin kulminiert, dass der Helm laut scheppernd zu Boden kracht und – nicht minder laut – in den Flur rollt.

Die Augen in den Sehschlitzen werden groß. Der Vermummte erstarrt.

Sein Brustkorb schnürt sich zu und verunmöglicht ihm das Atmen. Er lauscht wieder.

Das Schnarchen hat aufgehört!

Jetzt erst fällt ihm auf, dass das Display seines Handys noch leuchtet. Rasch schaltet er es aus.

Absolutes Nachtschwarz senkt sich über ihn. Seine Ohren unter der Skimaske horchen so angestrengt in die Dunkelheit, dass sie förmlich anzuschwellen scheinen.

Aus dem Schlafzimmer von Hannelore Böhringer, der Witwe Böhringer, wie man sie nennt, weil sie quasi berufsmäßige Witwe ist und jeden Satz mit „Mein Mann, der Josef, hat ja immer gesagt ..." beginnt, also aus dem Schlafzimmer der Witwe Böhringer hört man ein Schnorcheln. Dann setzt wieder gleichmäßiges Schnarchen ein.

Noch nie hat er sich so erleichtert gefühlt.

Das war knapp!

Der Vermummte atmet tief durch.

Er lässt sich auf alle Viere nieder und tastet den Boden ab. Ohne die Kette geht er hier nicht weg! Sie muss hier irgendwo liegen. Mit beiden Händen klopft er fast zärtlich auf dem Teppich herum. Und da ...

... muss er niesen.

Es ist kein normales Erkältungsniesen, auch kein „Huch, ich habe das Frühstücksei zu stark gepfeffert"-Niesen. Es kommt aus der Tiefe seines Wesens, ein Niesen wie ein gewaltsamer Akt. Kein Wunder, sein Körper wehrt sich gegen etwas, gegen das er hochgradig allergisch ist.

Das, worauf er da eben getreten ist, war kein Heinzelmännchen, welches nächtens die Haute-Couture-Modelle der Besitzerin enger näht, sondern ganz offensichtlich eine Katze.

Scheiße, denkt er und spürt, wie sich seine Atemwege allmählich verengen. Aber es nützt ja nichts. Er kann jetzt nicht weg. Nicht ohne die Diamantkette! Er hält den Atem an.

Da kommt seine Hand im Einmalhandschuh auf der Kette zu liegen.

Heureka!

Die Luft immer noch anhaltend, verzieht er den Mund zu einem triumphierenden Grinsen.

Das hätte er mal lieber bleiben lassen sollen. Wenn der Mensch triumphiert, ärgern sich die Götter und bauen stante pede eine Stolperschwelle in den Weg zum Glück.

In diesem Moment versenken sich deshalb scharfe Krallen tief in den Unterarm des Vermummten.

Vor Schmerz reißt er den Mund auf, und in den weit geöffneten Mund dringt die leicht muffig nach Mottenpulver und Moschus-Parfüm duftende Luft ... sowie einige Katzenhaare.

Er muss erneut niesen, schnappt nach Luft, spürt, dass nicht genug Sauerstoff durch seine verengten Atemwege in seine Lunge gelangt, und röchelt panisch.

Im Schlafzimmer geht das Licht an.

Immer noch röchelnd packt er die Diamantkette, rappelt sich auf und taumelt – abwechselnd niesend und hustend – zu dem Seil mit den diversen Knoten, an denen er sich zur Dachluke hochangelt.

Unklar ist, ob die Katze – eigentlich ein Kater, aber für eine genaue anatomische Begutachtung hat er in diesem Moment natürlich nicht die nötige Muße – mit einem Schäferhund groß geworden ist und das Bewachen gelernt hat oder ob in dem Tier einfach die Rachsucht geweckt wurde, weil es unsanft aus beglückenden Mäuseträumen getreten wurde, jedenfalls läuft es dem Vermummten hinterher und verkrallt sich in seine rechte Wade.

Während er am Seil hängt, schüttelt er sein Bein, damit es zu Boden fällt. Aber einen Kater schüttelt man nicht so einfach ab.

„Mein kleiner Liebling?", ruft eine weibliche Stimme aus dem Schlafzimmer.

Jetzt kommt es auf jede Sekunde an!

Mit dem linken Bein schabt er sich das Tier von der rechten Wade. Laut miauend kommt es unten auf.

Er hievt sich aus der Luke. Auf dem Dach angekommen, zieht er sich die Skimaske vom Kopf und atmet erst einmal kräftig durch – Gott sei Dank, es geht wieder.

Dann rollt er das Seil ein und sprintet geräuschlos über den schmalen Sims, der das Dach mit dem Nachbarhaus verbindet.

Nichts wie weg von hier, bevor ihn das Frauchen des ,kleinen Lieblings' erwischt.

Ein Schatten gleitet über die Dächer von Bayreuth. Cineasten erinnert das jetzt zu Recht an den Film *Über den Dächern von Nizza*, den Hitchcock-Film, in dem Cary Grant einen Juwelendieb namens John Robie, genannt *Die Katze*, spielt. Frei nach dem Film heißt es nun also auch in Bayreuth: *John Robie, die Katze,* hat wieder zugeschlagen!

Ja, er war jetzt die Reinkarnation von *John Robie, der Katze*. Was natürlich nicht einer besonderen Komik entbehrte, wo er doch Katzenallergiker war ...

Die Nacht hat viele Augen ...

... und kein Mensch ist eine Insel

Vier Augen sehen dem Vermummten – besser gesagt: dem frisch Unvermummten – dabei zu, wie er das Gerüst am Nachbarhaus herunterklettert.

Zwei der Augen gehören einem langhaarigen Kater aus Kleinasien, einem sogenannten Perserkater. Obwohl vom vielen Verwöhnfüttern und -streicheln übergewichtig und untrainiert, hat er es durch die Dachluke geschafft und verfolgt den Dieb. Der Kater erreicht genau in dem Moment das obere Ende des Gerüsts, als der Dieb – einen Stock tiefer – den Fuß auf die Leiter setzt, die ins Erdgeschoss führt. Sein kleines Felidenhirn gibt einen Befehl aus: „Attacke!" Mit einem ninjaschreiartigen Fauchen springt der Kater in die Tiefe und landet auf der Schulter des Diebes.

Der quietscht in Panik laut auf und verliert den Halt.

Während der Dieb zweieinhalb Meter in die Tiefe stürzt, springt der Perserkater rechtzeitig ab. Problemlos und absolut unversehrt landet er auf allen vier Pfoten auf dem Pflaster der Gasse. Wie man es von einem Kater ja auch nicht anders erwarten würde.

Was man von dem Dieb nicht sagen kann.

Die Mundwinkel, die zu den beiden anderen Beobachteraugen gehören, verziehen sich amüsiert nach oben.

Und als der Dieb leise fluchend und humpelnd, aber zügig, weil jetzt im Haus der Witwe Böhringer lautes Geschrei erklingt und überall Lichter angehen, von dannen zieht, huscht ihm lautlos ein Schatten hinterher.

Es ist nicht der Schatten des Perserkaters ...

Bayreuth, ahnungslos

Champagner in Strömen – aber kein Glück ist ungetrübt

In den Adern echter Operndivas fließt kein Blut, sondern Champagner.

„Herr Ober ..." Ich winke mit der leeren Champagnerflöte dem jungen Kellner zu, der auf einem übergroßen Tablett Nachschubflöten balanciert.

„Du hast schon genug getrunken!"

Eine kleine Hand krallt sich in Höhe meines Hinterns in den Tüll meines Ballkleides und zerrt energisch daran.

Die Hand gehört Marie-Luise ‚Bröcki' Bröckinger, meiner kleinwüchsigen Agentin-Schrägstrich-Freundin. Was ihr an Körpergröße fehlt, macht sie durch Willenskraft wett. Ich bin die kapriziöse Künstlerin, sie ist die pragmatische Vernunftsperson. Als Team sind wir nach außen hin unschlagbar, aber innen gibt es jede Menge Reibungsfläche.

Aus Hüfthöhe zischelt sie mir zu: „Du weißt, der erste Eindruck zählt! Willst du dich hier als Schnapsnase einführen? Ausgerechnet hier?"

„Champagnernase, wenn schon. Und ich brauche das jetzt!"

Hier – das ist der grüne Hügel von Bayreuth. Genauer gesagt, das Steigenberger Festspielrestaurant.

Weil die Sommernacht lau ist, stehen wir beim Schampusnippen, Häppchenmümmeln und Plaudern alle auf der Terrasse: Sänger und Sängerinnen, Festspielleitung, Mitglieder des Freundeskreises, handverlesene Gäste.

Ich kann durchaus ein paar Minuten dauerlächeln und mich von meiner besten Seite zeigen, aber nicht für mehrere Stunden. Irgendwann schwächelt meine Gesichtsmuskulatur. Nur prickelnder Alkohol kann sie dann wieder in Lächelstellung festzurren.

„Danke, Frau Miller möchte nur ihr Glas abgeben", sagt Bröcki zum Kellner und zerrt erneut am Tüll.

„Lass das!", schimpfe ich.

Das Kleid hat mir Karl Lagerfeld auf den Leib geschneidert. Und zwar buchstäblich! Ein Leib, der – als Karli seine professionelle Hand anlegte – noch etwas schmaler war als jetzt, weswegen die Nähte Schwerstarbeit leisten müssen, um nicht zu platzen. Es besteht die ganz konkrete Möglichkeit, dass ich aus dem Kleid herausplatze. Das wäre doch mal ein unvergesslicher erster Eindruck! Aber den möchte ich, wenn's geht, vermeiden ...

Der Kellner nimmt mir das Glas ab und geht weiter. Ich schmolle.

An meinem linken Ohr schnarcht es.

Radames, mein heißgeliebter Boston Terrier, liegt wie ein Hermelinkragen über meiner Schulter.

Wer ihn kennt, weiß, Radames ist Narkoleptiker, was bedeutet, dass er jedes Mal, wenn er sich sehr freut – oder aufgeregt ist oder sich erschrickt – abrupt einschläft. Allerdings liegt er gerade nicht in narkoleptischem Koma-Schlaf auf meiner Schulter, sondern ruht seinen kleinen Terrierkörper in ganz normalem Erschöpfungsschlaf aus. Während ich heute Nachmittag in einem der Probenräume des Festspielhauses die erste Sitzprobe absolvierte, preschte er an der Leine – an deren anderem Ende mein Chauffeur-Schrägstrich-Freund Yves hing – wild begeistert durch den Hofgarten, wie man mir zugetragen hat. Radames muss sich jetzt einfach regenerieren.

Und um beide Hände frei zu haben, drapierte ich ihn wie ein Accessoire über meine Schulter. Es hat durchaus Vorteile, wenn man einen handtaschenkompatiblen Schoßhund hat und keinen Bernhardiner oder irischen Wolfshund sein Eigen nennt.

„Ach, Frau Miller, darf ich sagen, welche Freude es mir und meiner Frau ist, dass Sie uns dieses Jahr bei den Wagner-Festspielen die Ehre geben?"

Ein Wagnerianer.

Man erkennt den echten Wagnerianer am fortgeschrittenen Lebensalter, den – für so alte Männer – einen Tick zu langen Haaren, den Bequemschuhen in Dunkelbraun zum teuren, aber nicht maßgeschneiderten schwarzen Anzug. Manche der Herren tragen auch ein Beret oder statt einer Fliege ein lässig gebundenes Seidentuch wie Lord Byron.

Da es auf Mitternacht zugeht und wir hier schon seit über fünf Stunden feiern, zolle ich dem Durchhaltevermögen des greisen Opernliebhabers Respekt. Und der Tatsache, dass ich ohne sein Interesse – und das der anderen Hardcore-Wagnerliebhaber – nicht hier sein könnte.

Ich knipse folglich mein Lächeln an, während ich ihm die Hand reiche, die er nicht schüttelt, sondern zum Mund führt. Er haucht einen Kuss in die Luft über der Hand. Das ist noch gute alte Schule! Mein Lächeln wird einen Tick echter.

„Das dürfen Sie mir gern sagen, vielen Dank. Wenn Sie wüssten, wie sehr ich mich freue, hier singen zu dürfen!" Das ist nicht gelogen, sondern kommt ganz tief aus meinem Herzen. Den Sopranistinnen von meiner Statur hat Richard Wagner seine Frauenrollen ja quasi auf den Leib komponiert.

„Schlemmermacher", sagt der Wagnerianer mit leichter Verbeugung. „Darf ich Ihnen meine liebe Gattin vorstellen?"

Seine liebe Gattin ist mindestens so alt wie er, möglicherweise sogar etwas älter, was mich irgendwie freut. Wagnerianer behalten signifikant oft das Originalmodell und tauschen es nicht midlifecrisisbedingt durch halb so alte Zweitfrauen aus.

„Sehr angenehm." Ich lächele ihr zu.

Ihre Lippen bleiben allerdings zu einem Strich zusammengepresst. Hager, kinnlange, graue Haare, beiges Sackkleid, mehrreihige Perlenkette. In ihrer Ehe ist eindeutig *er* die Frohnatur.

Bestimmt gehören die beiden zum Freundeskreis und sind somit Mäzene des Festivals. Wie ich hörte, gibt es über fünftausend dieser wackeren Förderer. Ich habe das Gefühl, an diesem Abend jeden Einzelnen kennen gelernt zu haben. Was natürlich Quatsch ist, so viele Menschen sind gar nicht da. Nicht Tausende, aber gefühlt Hunderte ergehen sich in und um das Steigenberger.

„Sie haben ja gar nichts mehr zu trinken", merkt der Wagnerianer fast schon entsetzt an. „Darf ich so frei sein, Ihnen ein Glas Champagner zu holen?"

Ich mag diesen Mann!

Mein Blick wandert nach unten zu meiner Hüfte, aber Bröcki ist offenbar schon weitergewandert. Gute Agentin, die sie ist, nützt sie solche Veranstaltungen immer, um Kontakte zu knüpfen beziehungsweise zu zementieren. Diese Chance muss wiederum ich nützen.

„Sehr, sehr gern, vielen Dank." Ich schenke Herrn Schlemmermacher mein bezauberndstes Lächeln.

Wird er ein wenig rot? Ja, er wird ein wenig rot.

Das bekommt allerdings auch seine liebe Gattin, die Schlemmermacherin, mit.

Während wir beide seinem entschwindenden Rücken nachschauen, kann ich förmlich spüren, wie es neben mir zunehmend kälter wird. Fast schon arktisch.

Eigentlich ja süß, dass eine Seniorin denkt, ich wolle mir ihren geriatrischen Ehemann angeln. Das zeigt doch, dass man auch mit geschätzt über achtzig noch ein schlagendes Herz in der Brust hat, dass man liebt und fühlt und fürchtet.

Andererseits ist es auch eine Frechheit. Ich und ein Greis, der locker mein Großvater sein könnte? Pö!

Ich streichele das Hinterteil meines Radames, weil mich das erdet. Er schnorchelt im Schlaf und zuckt mit den Hinterläufen.

Gerade will ich der Seniorin erklären, dass ich nicht auf Beutejagd bin, Betonung auf: *nicht!*, sondern vielmehr seit kurzem die glückliche Gefährtin eines unglaublich gut aussehenden isländischen Dirigenten bin, aber sie kommt mir zuvor.

„Was ich mich in letzter Zeit oft frage ..." Sie schaut mich aus wässrig-blauen Augen eisig an. „Wie kann man Musik machen, wenn die Welt gerade so im Argen liegt? Wenn Millionen Menschen in Angst leben – Angst vor politischer Instabilität und sogar vor Krieg?"

Das kommt wie ein Vorwurf rüber und ist definitiv auch so gemeint.

Weil ich mein ganzes Leben der Oper gewidmet habe, überkommt mich jetzt das Gefühl, als hätte mir die Alte den Boden unter den Füßen weggerissen. Musik ist für mich wie Atmen – ohne geht es nicht. Aber macht mich das eventuell zur französischen Königin Marie Antoinette, die – als man sie darauf hinwies, dass viele ihrer Untertanen nicht genug Geld hätten, um

Brot zu kaufen – der Legende nach rief: Dann sollen sie eben Kuchen essen!? Bin ich ein elitäres Geschöpf, das unter der Guillotine landen sollte?

Da tönt eine Stimme: „Oder muss man vielleicht gerade *deshalb* Musik machen? Um die Menschlichkeit gegen den Wahnsinn der Welt zu behaupten? Sind Sänger und Musiker nicht womöglich die Sachwalter des Guten und Schönen?"

Wenn Bröcki unverhofft wie aus dem Nichts auftaucht und losbellt, reicht das, um eine ahnungslose Greisin zusammenzucken zu lassen. Die Alte fasst sich an den Hals mit der dreireihigen Perlenkette – Süßwasserperlen, wie ich hinzufügen möchte – und presst pikiert die Lippen zusammen. Sie gehört noch zu der Generation, die Kleinwüchsige für bemitleidenswerte, benachteiligte Geschöpfe hält, denen man als wohlerzogener Mensch nicht Kontra geben darf. Folglich verkneift sie sich eine Retourkutsche.

Ich schaue dankbar zu Bröcki hinunter, die mir – wieder einmal – das Leben gerettet hat. Sie ist und bleibt die beste Agentin der Welt.

Schlemmermacher kommt mit einer halbvollen Champagnerflöte zurück. Entweder leidet er an Greisenzittern oder er wurde im Getümmel der Wogen mehrmals angerempelt und hat deshalb die Hälfte verschüttet. Egal, ich bin für jeden Schluck dankbar. Meine Rechte fährt gierig aus. Begierig, aber nicht schnell genug.

„Danke, sehr freundlich." Bröcki nimmt ihm das Glas ab. „Wenn Sie uns jetzt entschuldigen würden?"

Mit ihrer freien Hand packt sie mich am Tüll und zieht mich in Richtung Rasen.

Man muss Bröcki einfach bewundern: Jeder andere hätte blumig erklärt, warum er entschuldigt werden möchte – beispielsweise um mit den Angehörigen der Familie Wagner zu reden, die hier auch irgendwo sind, oder um sich die Nase zu pudern. Nicht so Bröcki. Sie marschiert einfach davon.

„Du bist meine Retterin – und jetzt her mit dem Glas!"

Es ist ein Vorurteil zu glauben, nur weil jemand kleinwüchsig sei, könne man ihn oder sie auch wie ein Baby behandeln. Gerade was Bröcki angeht, sollte man angesichts der geringen Höhe nicht an Kleinkind denken, sondern an einen Pitbull.

Der Pitbull schaut mich nur mitleidig an, hebt die halbvolle Champagnerflöte an die Lippen und leert sie auf einen Zug.

Ich seufze.

Und füge mich in mein unalkoholisiertes Schicksal.

Vorläufig.

Mein Blick schweift über die leicht abschüssige Grünfläche hinter dem Restaurant.

Die meisten meiner Mitsänger und -sängerinnen für *Tristan und Isolde* sind schon eingetroffen. Nur Brangäne, Melot und ein Hirt fehlen noch. Aber keiner von denen, die schon da sind, hat seinen Agenten dabei. Nicht zum ersten Mal denke ich, dass es womöglich besser wäre, keine Arbeits- und Lebensgemeinschaft mit meiner Agentin zu haben.

Vor allem die männlichen Kollegen lassen gern den ‚einsamen Wolf' heraushängen.

Biff McGillicuddy aus Texas macht gerade weiter unten ein Selfie mit der Büste von Wagner. Biff gilt als die neue Stimme von Texas und sieht aus wie James Dean. Wenn ich mit meinem Isländer nicht so glücklich wäre, würde ich jetzt bestimmt mit diesem Texaner flirten. Quark, wem mache ich was vor? Ich habe ja Bröcki dabei, gewissermaßen meinen lebenden Keuschheitsgürtel.

Wie in dem berühmten Foto von Picasso am Strand, auf dem er einen Sonnenschirm über seine damalige Lebensgefährtin hält, während im Hintergrund ein junger Mann in Badehose breit lächelt, sind wir am letzten Wochenende in Bayreuth eingezogen. Nur dass es keinen Sand und kein Meer gab, dafür die Pflastersteine vor dem Hotel *Silberne Traube*. Und dass es regnete. Ich war Picasso, der einen Schirm über Bröcki hielt, damit sie nicht nass wurde. Hinter uns Yves, nicht in Badehose, dafür in taubenblauer Chauffeuruniform.

Es war ein filmreifer Auftritt.

Kein Wunder, komme ich mir an guten Tagen großartig vor, sehe mich in den Fußstapfen von Maria Callas – als Diva, die immer mit Entourage reist und ausnahmslos in den besten Häusern residiert.

An schlechten Tagen trübt kein rosaroter Schleier die Realität. Dann weiß ich, dass Bröcki es verpennt hat, sich rechtzeitig um eine Unterkunft für die Proben- und Aufführungszeit zu kümmern, und wir deshalb für teuer Geld im einzigen Hotel übernachten müssen, das kurzfristig noch Zimmer frei hatte. Wunderbare Zimmer, aber eben hochpreisig. Und das geht alles von meiner Gage ab, das zahlt nicht die Festspielleitung.

An solchen Tagen weiß ich auch, dass es ein Fehler war, Yves – den verkrachten Countertenor, großen Frauenflüsterer vor dem Herrn und Faulpelz par excellence – nach seiner Auszeit im Trappistenkloster erneut als ‚Chauffeur' zu engagieren, nur weil ich mit ihm befreundet bin und fürchte, er würde sonst mangels Engagements elend verhungern. Er rührt keinen Finger. Im Gegenteil, er verursacht Mehrarbeit.

Auch jetzt ist er nicht da, um mir dabei zu helfen, trotz des menschlichen Pitbulls neben mir an Champagner zu kommen. Yves hat uns in dem fetten Audi, den ich für die Bayreuth-Zeit gemietet habe, noch vom Hotel zum grünen Hügel gefahren, uns ein fröhliches „Ich parke nur schnell den Wagen" zugerufen – und ward nicht mehr gesehen. Er ist bestimmt irgendwo in der Nähe, daran zweifele ich nicht. Aber so wie ich Yves kenne, vernascht er gerade eine Kellnerin auf der Herrentoilette oder die Hilfsköchin neben den Mülleimern hinter dem Restaurant.

Die laue Sommerluft dörrt meinen Hals aus.

„Ich will noch mehr Champagner!", bocke ich wie ein Kleinkind.

„Nichts da." Bröcki verhandelt nicht. Bröcki entscheidet.

„Sei nicht albern", sage ich zu ihr. „Ich hatte erst ein Glas!"

„Du hattest schon drei. Und so kurz vor dem wichtigsten Auftritt deiner bisherigen Karriere solltest du ohnehin keinen Alkohol trinken."

Jedes neue Engagement bezeichnet sie grundsätzlich als *wichtigstes meiner bisherigen Karriere*, das zieht bei mir nicht mehr.

Dennoch hat sie nicht ganz unrecht. Wer Alkohol trinkt, scheidet vermehrt Wasser aus. Man kennt ja das Phänomen des ‚Nachdursts' am Morgen nach Alkoholkonsum. Durch den Verlust von Wasser und die ätzende Wirkung von Alkohol werden die Schleimhäute gereizt und können anschwellen. Wenn dann noch stimmliche Anstrengung wie Gesang dazukommt, hat das einen Verlust von Geschmeidigkeit der Stimmlippenschleimhaut über dem Stimmbandmuskel zur Folge. Die Stimmgebung leidet. Fatal für eine Opernsängerin.

Aber drei lächerliche Flöten Champagner? Das kann man doch nicht als Alkoholkonsum bezeichnen, mehr so als *Konsümerchen*.

„Vergiss es, du kriegst heute nichts mehr!" Bröcki weiß immer, was ich denke. Folglich guckt sie jetzt streng.

Ich schmolle. Weil Schmollen aber keine Vollzeitbeschäftigung ist, lasse ich meinen Blick wieder über das Grün schweifen. Es ist schon spät, mithin dunkel, und die Farben des Rasens und der Blumen kommen nicht mehr so herrlich zur Geltung wie bei Sonnenschein. Aber die Atmosphäre ist großartig. An diesem historischen Ort, unter dem Sternenhimmel – ein Genuss.

Mit einem Glas Champagner in der Hand könnte ich es noch mehr genießen.

Ich schaue mich nach einem Kellner um, sehe aber keinen. Auch keinen Fan, der sich glücklich schätzen würde, mir ein Glas anzureichen. Obwohl ich schwören könnte, dass ich beobachtet werde ...

Etwas hügelabwärts erkenne ich Carlos Meister, den argentinischen Tenor, der den Tristan singt. Ein begnadeter Sänger mit deutschen Wurzeln, aber etwas zu klein geraten und mit den typischen O-Beinen eines Gauchos. Er unterhält sich angeregt mit Kwang Yu, der den Kurwenal singt. Für einen Koreaner ist Kwang Yu ungewöhnlich massig, mit einem Schopf schwarzer Haare und ausgeprägten Grübchen in den Wangen.

Ich muss an *den* Mann in meinem Leben denken, Arnaldur Atlason – Isländer, Dirigent, Prachtkerl. Der in diesem Moment nicht an meiner Seite ist, weil er in London dirigiert und ich in Bayreuth singe. Unser Kontakt beschränkt sich momentan aufs Skypen. Geht mein Auge deswegen auf Wanderschaft? Um mir Appetit zu holen? Gegessen wird natürlich um Mitternacht am Laptop. *Arni, mein Schatz, selbstverständlich bleibe ich dir treu!*

„Du denkst doch schon wieder an deinen Arnaldur!", lästert Bröcki. „Wie sonst lässt sich dieser glasige Silberblick erklären?"

„Ich bin eben Romantikerin. Was kann ich dafür, dass unsere Liebe noch heiß brennt, anders als bei dir und deinem Pittitatschi?" Ich streichele wieder das Hundehinterteil auf meiner Schulter.

Bröcki kann man mit spitzen Bemerkungen nicht verletzen. Sie hat sich im Laufe ihres Lebens schon genug an Sticheleien anhören müssen und sich einen Panzer zugelegt, den ein so lässig hingeworfener Seitenhieb nicht mal an der Oberfläche ankratzen kann.

Laurenz Pittertatscher ist der Salzburger Kommissar, mit dem Bröcki seit kurzem verlobt ist. Er ist ungefähr dreimal so groß wie sie und erträgt ihre Alpha-Wölfinnen-Persönlichkeit mit Engelsgeduld. Aber auch die beiden sehen sich meistens online und nur selten live und in Farbe. Was Bröcki im Gegensatz zu mir locker wegsteckt. Das unterscheidet die pragmatische Agentin von der sehnsuchtsvollen Sopranistin.

„Bei Pitti und mir lodert die Flamme ungebrochen, keine Sorge." Bröcki funkelt mich streng an. Was ich hier draußen, abseits der Lampen und mitten in der Nacht, nicht wirklich gut sehen kann, aber dafür spüren. Ihre Blicke lassen die Luft vibrieren.

„Dann ist ja gut."

„Da schau an ... Ist das da drüben der Direktor des Schleswig-Holstein Musik Festivals? Den muss ich mir krallen. Kann ich dich hier allein lassen, ohne dass du Unsinn machst?" Bröcki nimmt Witterung auf.

„Ja doch!" Ich gucke beleidigt, aber in mir keimt stille Freude auf.

„Und kein Alkohol mehr! Verstanden?" Bröcki stapft davon, um mir den Weg für mögliche neue Engagements zu ebnen. Gute Frau!

Natürlich sehe ich mich sofort nach einem Kellner um.

„Phantastisch, nicht wahr? Dieses Ambiente, der Hauch der Geschichte, der uns hier umgibt. Man bekommt Gänsehaut!"

Die Frau, die sich plötzlich und unerwartet neben mir materialisiert und ihren Enthusiasmus herauszwitschert, ist sehr jung und sehr schön und sehr grazil.

„Hier in Bayreuth durchläuft es mich immer ... wie soll ich sagen? Ich finde keine Worte. Aber es ist tief, ganz tief! Wagner ... der ist so unglaublich ... sinnlich ... die Blechbläser, der wuchtige Gesang ... das haut einen jedes Mal aufs Neue um, findest du nicht auch?", flötet sie und breitet die Arme aus, als wolle sie die ganze Welt an ihre flache Brust reißen.

Ich stehe wie erstarrt.

Radames spürt mein Entsetzen, wacht auf und strampelt mit den Beinchen, bis ich ihn von meiner Schulter nehme, auf meine Hüfte setze und mit dem linken Arm festhalte. Er sieht, mit wem ich spreche, und fängt – solidarisch mit meiner inneren Pein – an zu kläffen.

Die frisch materialisierte Frau ist keine Frau, sondern eine Person.

Eine Person, die ich leider Gottes nur zu gut kenne. Und die ich von Herzen hasse.

Es ist meine Erzfeindin – das Hermännchen!

Bayreuth, dumpf ahnend

Von intriganten Hermännern und fliegenden Gabeln

Auch Menschen verursachen Nebenwirkungen. Manche Herzklopfen, andere Kopfschmerzen und einige Brechreiz. Das Hermännchen gehört für mich zur dritten Kategorie. In ihrer Gegenwart fühle ich mich immer so, als würden fleischfressende Bakterien langsam und genüsslich meine Eingeweide schnabulieren.

„Pauline!", ruft sie.

„Dingens!", rufe ich. Nicht, weil ich mir keine Namen merken kann, sondern weil ich ein böses Mädchen bin.

Wir hauchen beide Küsse in die Luft. Weil unsere Abneigung auf Gegenseitigkeit beruht, sind es eigentlich nicht einmal gehauchte Luftküsse. Wir formen beide nur einen Entenschnabel und bewegen unsere Köpfe einmal kurz nach links und rechts.

„Herr Ober!" In wilder Panik winke ich einen Kellner herbei. Wenn ich mit der Linken nicht meinen immer noch kläffenden Radames festhalten müsste, würde ich zwei Gläser von seinem Tablett nehmen. Nötig wär's. So sage ich nur: „Einen Moment!", kippe den Champagner in einem kräftigen Zug, stelle die Flöte zurück aufs Tablett und nehme die nächste.

Weil schon die ersten Gäste genervt zu meinem außer Rand und Band geratenen Terrier schauen, setze ich ihn ab. Prompt verstummt er und schnüffelt an den winzigen, goldenen Riemchensandalen des Hermännchens. Was für eine Schuhgröße hat die Frau? 32? Ich habe 41 1/2 und komme mir – wie eigentlich immer in ihrer Gegenwart – wie der Turm zu Babel neben einem Puppenhaus vor.

„Du hier?", flöte ich, angestrengt höflich. Heimlich hege ich die Hoffnung, mein Radames könnte, sobald er seine olfaktorische Neugier befriedigt hat, das Beinchen heben und ihre goldenen Sandalen vollstrullern. „Bist du die Begleitung von einem der Anwesenden?"

Sie lacht perlend. „Aber nein, ich singe hier."

Bitte nicht, bitte nicht, bitte nicht, fleht es in mir, weil in mir eine dunkle Ahnung aufsteigt, worauf das hinausläuft.

„Wir singen wieder in derselben Oper, wie letztes Jahr in Bregenz. Nur dass es dieses Mal *Tristan und Isolde* ist, nicht *Turandot*. Ich singe die Brangäne. Hast du das etwa nicht gewusst?" Silke von Hermann klimpert mit den falschen Wimpern.

Nein, habe ich nicht. „In der Besetzungsliste stand ‚bei Drucklegung noch offen'." Ein Erklärungsversuch. Offen gestanden hätte wohl jede andere bei der Festspielleitung angefragt, wer für die Rolle im Gespräch ist. Mir ist es aber normalerweise egal, wer neben mir auf der Bühne steht. Für mich zählt nur, welche Bühne es ist und dass ich eine gute Partie singen kann. Das rächt sich jetzt.

„Du weißt, dass eigentlich ich für die Rolle der Isolde vorgesehen war? Meine gesangliche Bandbreite hätte das auch hergegeben." Silke von Hermann, diese falsche Schlange. „Aber ich war zeitgleich noch für Verona angefragt und habe mich erst in letzter Sekunde entschieden, deswegen haben sie dann wohl dich genommen. Um auf Nummer sicher zu gehen." Sie lacht. „Hoffentlich denkst du jetzt nicht, ich will damit prahlen, wie gefragt ich bin ..."

Doch, genau das denke ich.

Während die Hautevolee die neue Saison feiert und es im Steigenberger perlt und glitzert und smalltalkt, intrigiert es also auch. Und zwar mir direkt ins Gesicht.

„Ich konnte es erst gar nicht glauben, als ich hörte, dass du die Isolde singen wirst." Silke von Hermann klingt staunend. Treuherzig schaut sie mich von schräg unten an. Ich bin nicht nur breiter als sie, sondern auch größer. Im Grunde bin ich ein Elefant und sie eine Maus. Ich könnte sie lässig zertreten, aber man weiß ja, wie Elefanten auf Mäuse reagieren: verschreckt.

Ich kippe den Rest meines Champagners in einem Schluck. „Ja, ich singe die Isolde. Warum auch nicht?"

„Na, weil das eine hammerharte Partie ist!"

„Nicht, wenn man die Stimme dafür hat."

„Schon, aber hat man sie?", fragt das Hermännchen betont unschuldig.

Das ist eine Provokation sondergleichen.

Silke von Hermann ist eine waschechte Komtesse. Für Adelsunkundige: eine unverheiratete Gräfin. Wer allerdings vom guten Stall auf gute Manieren schließt, handelt voreilig. Ihre Familie ist im norddeutschen Flachland beheimatet. Silke ist die einzige Tochter ihrer Eltern: blaublütig, blondhaarig, blauäugig, bulimisch. Das weiß ich alles, weil ich mir bei unserem letzten gemeinsamen Engagement zeitweilig die Garderobe mit ihr teilen musste.

Kurzum, sie ist das genaue Gegenteil von mir.

Schon auf den ersten Blick war sie mir unsympathisch. Ich würde mich ja gern damit trösten, dass sie zum Unrat des Lebens gehört wie Stechfliegen zum Hochsommer, aber das ist mir kein Trost. Nur zusätzliches Ärgernis. Muss es in einer Welt, in der es schon Stechmücken gibt, auch noch eine Silke von Hermann geben?

„Ich bin sehr gut auf die Rolle vorbereitet, keine Sorge", zischele ich.

„Da bin ich ganz sicher." Das Hermännchen nickt. „Und falls es doch Probleme geben sollte, wird es dich sicher trösten, dass ich auch die Partie der Isolde draufhabe. Ich kann jederzeit für dich einspringen. Die Aufführungen sind gesichert."

Ungeheuerlich! Un-ge-heuer-lich!

Was soll man auf so eine Provokation antworten?

Ich lächele ihr unterkühlt zu, hebe meinen Radames auf und lasse sie einfach stehen.

Mein Weg führt mich zu Bröcki.

Normalerweise halte ich immer Abstand, wenn sie gerade mit Entscheidungsträgern spricht, die mich eventuell engagieren könnten. Ich habe Angst, dass die Staubsaugervertreterin in ihr durchkommt und sie ihrem Gegenüber eine Demonstration anbietet, um die Kauflust anzufachen. Etwa mit den Worten: Pauline, sing mal was *a capella*, los schon. Koloratur. Bis zum hohen C.

Aber als ich sie in dem Getümmel der Leiber entdecke, ist sie allein. Das Mitternachtsbüfett wurde eben eröffnet und Bröcki hat immer Hunger.

Wie üblich hat meine kleinwüchsige Agentin eine riesige Schultertasche dabei, in der alles steckt, was man als Aus-der-Norm-Gefallene braucht, unter anderem auch ein Klappschemel. Den hat sie jetzt aufgebaut, ist draufgeklettert und begutachtet die dargebotenen Häppchen.

„Das hast du doch gewusst!", zischele ich ihr zu.

Sie schaut nicht zu mir auf, sie hat nur Augen für die Shrimps. Man hat die Wahl zwischen Shrimps *au naturelle* und Shrimps in Senfsoße. „Gib mir von beidem", befiehlt sie.

Ich drapiere Radames wieder über meine Schulter. Prompt schläft er ein. Kläffen macht müde.

„Du hast gewusst, dass dieses blöde Hermännchen mitsingt!", fauche ich und hantiere vor Zorn so grobmotorisch mit dem Vorlegelöffel, dass mir die Shrimps in den Eiersalat purzeln. Ich mache aus der Not eine Tugend und forme auf Bröckis Teller einen Nachbau des Mount Everest, bestehend aus frisch kreierten Eiersalatshrimps an Senfsoße.

„Ich kann so nicht arbeiten", nöle ich, ohne zu Bröcki zu schauen.

Auf dem Everest fehlt noch die Krönung: gewissermaßen die Erstbesteiger Edmund Hilary und Tenzing Norgay. Ich schaue mich nach etwas Passendem um und entdecke die Hackbällchen-Cocktailtomaten-Spieße. Während ich zwei davon auf dem Eiersenfshrimpsberg anbringe – und noch einen dritten, nur Hackbällchen ohne Tomate, also quasi Reinhold Messner ohne Sauerstoffgerät –, schimpfe ich in Endlosschleife unablässig weiter.

„Sie wird mir die komplette Saison in Bayreuth vermiesen. Womöglich wirft sie mir sogar Holzknüppel zwischen die Beine. Oder träufelt mir bei den Proben Arsen in die Wasserflasche. Sie hat mir erzählt, dass sie die Isolde auch singen kann. Die will meinen Job und meinen Ruhm einstreichen! Für diese lächerliche Möchtegernsoubrette bin ich doch tagtäglich Salz in der offenen Wunde ihres mangelnden Talents. Der fehlt voll das persönliche Timbre – keinerlei Nuancen, nichts, was Sangeskunst ausmacht. Haben wir das nicht schon in Bregenz erlebt? Sie verbreitet Gerüchte über mich, bändelt mit meinem Arnaldur an, macht durch ihre Inkompetenz kostbare Aufführungsproben zu nervenzermürbenden Zerreißproben ..."

„Da hat aber jemand Appetit. Ich könnte mir das ja nicht erlauben." Unbemerkt hat sich das Hermännchen angeschlichen. Wie viel hat sie wohl gehört?

Ich sehe meine düsteren Vorahnungen bestätigt.

„Oder ist das alles für deinen Fellkragen?" Sie lacht glockenhell und zeigt mit ihrer Champagnerflöte auf das Gesäß neben meiner linken Wange, das sich im Rhythmus von Radames' Atemzügen hebt und senkt.

„Das ist für meine Agentin! Du erinnerst dich an Marie-Luise Bröckinger?" Ich zeige nach rechts, aber rechts von mir ist niemand mehr. Weder Bröcki noch ihre Klappleiter.

Wie ...?

„Das muss dir nicht peinlich sein, meine Liebe", zirpt das Hermännchen. „Eine Statur wie die deine will ja erhalten werden, nicht wahr?"

Schlagartig koche ich innerlich und bin ganz sicher, dass in diesem Moment kleine Rauchwölkchen aus meinen Ohren entweichen. Diese blöde Kuh! Am liebsten würde ich ihr den Eiersalatsenfshrimpsberg ins Gesicht klatschen. Oder sie wahlweise mit Hackbällchen-Spießen durchbohren.

Während ich noch überlege, ob ich tatsächlich in Stimmung für einen solchen Eklat bin, tritt Kilian Kirchbichler zu uns und verkündet mit seiner volltönenden Stimme: „Mir imponieren Frauen, die einen gesunden Appetit haben."

Kirchbichler ist Bayer und Bass und singt den König Marke in dritter Generation. Schon sein Großvater und sein Vater waren Bässe. Er ist allerdings der Erste aus der Familie, der es nach Bayreuth geschafft hat. Kirchbichler, ein Riese, der sich hinter dem grazilen Hermännchen erhebt wie der Bodyguard eines Hollywoodstars, schaut anerkennend erst auf den Teller in meiner Hand, dann auf meinen prallen Prachtkörper. „Hungerhaken sind nicht so meins. Wie heißt es so trefflich? Ich möchte mich morgens beim Frühstück mit meiner Liebhaberin ums Nutella prügeln." Er zwinkert mir zu.

Das Hermännchen kann es natürlich nicht ertragen, wenn die Aufmerksamkeit eines Mannes einer anderen Frau gilt, solange sie im selben Raum ist. Also schüttet sie einen verbalen Eiskübel über den poussierenden Anbändler. „Gib dir keine Mühe, Kilian. Du bist nicht ihr Typ. Sie hat es lieber urwüchsiger und bevorzugt Naturmenschen, die immer ein wenig nach Grillkohle und Ponys riechen. Außerdem ist unsere Pauline schon vergeben. An Arnaldur Atlason."

„Ach, du liebes Gottchen ... ist das der mit dem spastischen Gefuchtel?" Er fuchtelt spastisch mit seinen riesigen Schaufelbaggerhänden.

Das Hermännchen schlägt ihm spielerisch gegen die überbreite Brust. „Kilian, du Böser, das ist politisch unkorrekt."

„Aber sachlich richtig, oder?"

Das Hermännchen kichert.

Kirchbichler kichert auch.

Rückblickend war das der Tropfen, der das Fass zum Überlaufen brachte. Die Unterstellung, dass der Mann, mit dem ich seit nunmehr einem Jahr eine – aufgrund unserer Verpflichtungen an unterschiedlichen Orten auf dem Globus – mehrheitlich online stattfindende Beziehung führe, also quasi ein Telefonsex-Verhältnis, ein lausiger Dirigent sein könnte, tut natürlich weh und darf nicht unwidersprochen bleiben, zumal Arnaldur den Taktstock ehrlich begnadet führt. Da sind sich alle Kritiker eins. Eigentlich bin ich mir sicher, dass Kirchbichler meinen Arnaldur mit dem anderen isländischen Dirigenten verwechselt, der in der Tat ziemlich abgehackt dirigiert und für seine wilden Brems- und Beschleunigungsaktionen am Pult berüchtigt ist. Der heißt auch irgendwas mit

A. Adras Afaldurson? Asgur Asgarsson? Ich komme gerade nicht drauf. Seien wir ehrlich – diese Isländer heißen doch alle gleich.

Kirchbichler kann ich daher verzeihen.

Das gehässige Kichern des Hermännchens erfordert allerdings Satisfaktion. Wenn nicht gar Vendetta. Jedenfalls etwas Heftiges!

Ich hole tief Luft und hole mit der Hand, die den Teller hält, ganz weit aus ...

... da kneift mich etwas schmerzhaft in den Oberschenkel.

Bröcki!

Die Frau hat einen sechsten Sinn für Momente, in denen ich kurz davorstehe, all ihre Bemühungen, mich zu einem Star der internationalen Opernbühnen zu machen, zu sabotieren.

„Frau von Hermann, Herr Kirchbichler, wie schön", flötet sie in unser aller Hüfthöhe, noch während sie mich kneift.

Die anderen machen Anstalten, ihr die Hand zu schütteln.

Weil ich aber mit der Tellerhand schon Anlauf genommen hatte, als Bröcki zu uns trat, kann ich den Schwung nicht mehr ausbremsen. Wenn ich den Teller, anders als geplant, nun doch nicht nach vorn schleudere, bleibt mir nur die Option, ihn in der Rückwärtsbewegung einfach loszulassen.

Was ich folglich auch tue.

Er saust auf eine Etagere mit Obst am anderen Ende des langgestreckten Büfetts zu, wobei er einen jungen Hilfskoch, der gerade ein neues Tablett mit Tartar-Canapés vorlegt, nur knapp verfehlt.

Es gibt ein hässliches Geräusch – Obst, Hackbällchen und Eiersalat werden in die Luft katapultiert und landen gleich darauf, unregelmäßig verteilt, auf der Lachsplatte und in der Schüssel mit Schokoladenmousse.

Radames kläfft im Halbschlaf einmal laut auf. Das Trommelfell in meinem linken Ohr vibriert.

Bis zu diesem Punkt ist alles noch wie immer – eine kleine Randnotiz im Sammelsurium meiner Peinlichkeiten. Ein, zwei Kellner hätten herbeieilen und den Schaden beheben können und gut.

Aber heute hat offenbar der Schutzengel, der eigens für die Folgen meiner emotionsverursachten Grobmotorik zuständig ist, seinen freien Tag.

Mein kläffender Boston Terrier erschreckt einen hinter mir stehenden greisen Wagnerianer, der das Fellteil auf meiner Schulter offenbar für einen unbelebten Kragen gehalten hat. Man kann von Glück sagen, dass der alte Mann vor Schreck keinen Herzinfarkt erleidet. Er quietscht nur auf und reißt die Arme in die Höhe und lässt dabei die Gabel los, die er in der linken Hand gehalten hat. Die elliptische Flugbahn der Gabel endet bedauerlicherweise im Handrücken von Kilian Kirchbichler. Und weil die Gabel mit hohem Tempo geworfen wurde, reicht der Aufprall aus, um eine Kratzspur in Kirchbichlers Handrücken zu ziehen.

Die sich gleich darauf ein kleines bisschen rot färbt. Blut.

Wie gesagt, es ist nur ein Kratzer. Wir sprechen hier nicht von einem abgestochenen Schwein, das flutwellenartig ausblutet. Aus dem Kratzer entweicht gerade mal ein einziger Tropfen Blut, der auch gleich darauf koaguliert. Im Grunde nicht der Rede wert.

Aber offenbar kann Kirchbichler kein Blut sehen.

Er starrt auf seine Hand, wird leichenblass …

… und fällt um.

Die Zeit scheint stillzustehen. Fassungslos schauen das Hermännchen und ich auf den am Boden liegenden Bass.

Bröcki schüttelt nur lapidar den Kopf und erklärt belustigt: „Männer ... gebaut wie Kleiderschränke, sensibel wie Mimosen."

Frauen, die über Schmuck reden

Business as usual, bis ein Schrei über Bayreuth hallt –
jedoch nicht aus der Kehle einer Operndiva!

Wenn im Wald ein Baum umfällt, aber niemand ist da, um es zu hören, gibt es dann ein Geräusch? Darüber mögen sich Philosophen die Köpfe heißdiskutieren, aber eins steht fest: Wenn ein gestandener Kerl wie Kilian Kirchbichler zu Boden geht wie eine gefällte Eiche, dann macht das definitiv ein Geräusch.

Wenn dann aber trotzdem sämtliche Anwesende – absolut zeit- und deckungsgleich wie Synchronschwimmer auf dem Trockenen – in die andere Richtung schauen, also nicht zum spontan tiefergelegten Kirchbichler, sondern zur halbrunden Treppe, die nach oben zum Festspielhaus führt, darf man getrost davon ausgehen, dass in diesem Augenblick noch etwas anderes, weitaus Desaströseres passiert.

„*Quelle catastrophe!*", schmettert prompt eine hochgewachsene Schwarzhaarige, ganz in Anthrazitgrau. „*Quelle grande catastrophe! Il est là!*" Sie fuchtelt mit den schwer beringten Händen und redet ununterbrochen weiter.

Mein Französisch ist nicht besonders gut, aber *catastrophe* verstehe sogar ich.

Vorsichtig nehme ich meinen kleinen Liebling von der Schulter und presse ihn an meine Brust. Wenn hier gleich evakuiert wird, will ich ihn sicher in meinen Armen wissen.

Plötzlich fangen alle zeitgleich zu reden an. Die Luft schwirrt vor angespanntem Stimmengemurmel.

„Was ist?", frage ich Bröcki, die mehrsprachiger ist als ich.

„Der Juwelendieb ist in Bayreuth angekommen", übersetzt sie die Kakophonie.

„Wer?"

„Ach herrje", ruft das Hermännchen und fasst sich an den Hals, um den sich etwas Funkelndes schmiegt. Wie überhaupt die Hände aller anwesenden Damen zu den mehr oder weniger truthahnigen Hälsen hochfahren. Das ist dann wohl eine automatische Reaktion auf die Nachricht, dass ein Dieb sein Unwesen treibt.

„Juwelendieb?" Ich hebe die Augenbrauen.

„Offenbar hat er wieder zugeschlagen", fährt Bröcki fort. „Sie hat es auf dem Weg nach Hause vom Taxifahrer gehört und ist sofort wieder umgekehrt, um alle zu warnen. Es muss vorhin in der Innenstadt passiert sein. Eine Diamantkette. Mit einem Rubin in der Mitte."

Ich zucke mit den Schultern. „Schlimm. Aber Juwelendiebstähle gehen mich nichts an."

„Du hast ja auch nichts von Wert." Abfällig betrachtet Hermännchen meinen zierratlosen Hals.

„Schätzchen", fauche ich, „stell dir vor deinem inneren Auge jetzt bitte einen erhobenen Mittelfinger vor!" Sie hat zwar recht, aber das darf man so nicht stehen lassen. „Ich habe die Ohrringe, die ich von meiner Großmutter geerbt habe."

„Rein emotionaler Wert, auf dem Schwarzmarkt keine hundert Euro wert", fällt mir Bröcki, das Luder, in den Rücken.

„Ich hab's gewusst, der Dieb kommt zu uns, ich hab's gewusst", ruft eine fassrunde Frau, deren Kleid ich als Armani-Unikat erkenne. Folglich müssen die Preziosen an ihrem voluminösen Körper hochpreisig sein. „Jeder weiß doch, dass der Daw'aljarub in der Stadt ist!"

„Dawal-wer?", frage ich Bröcki. „Der saudische Botschafter?"

„Das *Licht des Südens*. Ein Diamant. Nicht so bekannt wie der Kohinoor, aber noch größer. Wie ja auch der Dari-a-Nur und der Orlov größer sind. Der Kohinoor ist nur so bekannt, weil die Briten ihn auf der Weltausstellung 1851 als Symbol ihrer Kolonialmacht gehypt haben und er jetzt im Tower von London auf dem Kronjuwelenhaufen liegt." Bröcki hat nicht viele Schwächen. Mit ihrem Wissen anzugeben, ist allerdings eine davon. „Der Daw'aljarub gehört momentan der Frau eines chinesischen Milliardärs. Übrigens derselbe, für den wir die Exklusivaufführung am vierten August singen."

Das wiederum ist mir nicht neu. Nicht das, wem der Diamant gehört, sondern das mit dem Chinesen. Ein asiatischer Wagnerianer, der für eine Vorstellung nur für sich und seine Freunde einen Millionenbetrag springen ließ, wie man munkelt, und damit gewissermaßen fast die komplette Saison sponsert.

Der würde es überleben, wenn ein dreister Dieb seiner Frau einen Klunker entwenden sollte. Da wäre nur das Ego angekratzt.

„Da drüben sitzt er!" Das Hermännchen schaut aus den Augenwinkeln zum runden Tisch, an dem auch die Festivalleitung Platz genommen hat. „Nicht hinschauen!"

Natürlich schauen Bröcki und ich hin.

„Wer?", frage ich. „Der Juwelendieb?"

„Sei nicht albern", zischelt Bröcki. „Der Mann, dem der Daw'aljarub gehört."

Der Chinese ist viel jünger, als ich gedacht habe. Vermutlich so ein Internet-Selfmade-Milliardär. Die Frau an seiner Seite wirkt älter. Entweder ist er mit seiner Mutter hier ... oder er hat eine Vorliebe für reife Perlen.

Sie trägt ein phantastisches, goldenes Seidenkleid mit aufgedrucktem Drachen. Und keinen Schmuck. Dennoch liegt auch ihre Hand am Hals.

Der Milliardär tippt etwas in sein Handy. Er steht auf und legt seiner Begleiterin die Hand auf die Schulter. Er wirkt unaufgeregt. Im Gegensatz zu den restlichen Anwesenden.

Das Stimmengewirr um uns herum ist längst kein Hintergrundplätschern mehr, sondern liegt im fast dreistelligen Dezibelbereich, weil alle gleichzeitig reden.

Mich kümmert die Aufregung nicht weiter – von Diebstählen im Umfeld von Opernfestivals hat man schließlich schon öfters gehört. Und mich betrifft das auch nicht. Soll sich der Wicht ruhig Omas Ohrringe unter den Nagel reißen. Ich glaube sowieso, sie hat sie seinerzeit aus einem Kaugummiautomaten gezogen. Die Erinnerung an meine geliebte Großmutter hängt nicht von diesen Ohrringen ab.

Außerdem bin ich vollauf damit beschäftigt, mich darüber zu ärgern, dass meine Erzfeindin – dieses heimtückische Hermännchen – ebenfalls für *Tristan und Isolde* verpflichtet wurde.

Wie konnte das passieren? Ich muss mir Bröcki mal vorknöpfen.

Da kommt Kirchbichler wieder zu sich. Den hatten wir völlig vergessen.

Er richtet sich auf, schaut sich verwirrt um, erinnert sich, hebt die Hand mit dem Kratzer, sieht den einsamen Blutstropfen auf seinem Handrücken, wird wieder bleich und kippt hintenüber.

Ein Kellner mit einem Tablett voller Champagnerflöten kommt vorbei.

Ich winke ihn heran und er reicht mir das Tablett so, dass ich mir eine Flöte mit prickelndem Inhalt herunternehmen kann.

„Nein, ein Glas reicht nicht", seufze ich, „geben Sie mir das ganze Tablett!"

EILMELDUNG – EILMELDUNG – EILMELDUNG

Nordbayrischer Kurier

Juwelendieb hat zugeschlagen!

Am gestrigen Abend zwischen 23 und 1 Uhr fand ein dreister Diebstahl in der Kirchgasse statt. Der Dieb stieg in zwei benachbarte Häuser ein. Anfangs wurde nur ein Diebstahl von einer Bewohnerin bemerkt und gemeldet. Als die Polizei nach ihrem Eintreffen die Nachbarn befragen wollte, fand man diese bewusstlos vor. Daraufhin wurde Großalarm ausgelöst. Der Dieb bemächtigte sich unter anderem des weltberühmten Daw'aljarub, eines der wertvollsten Diamanten der Welt. Zu den genauen Tathergängen möchte sich die Polizei derzeit noch nicht äußern, um die Ermittlungen nicht zu gefährden. Der Dieb, der vermutlich über ein Baugerüst einstieg, ging mit großer Brutalität vor. Zwei Personen wurden mit einer Chloroformvergiftung ins Krankenhaus eingeliefert, sie befinden sich mittlerweile außer Lebensgefahr.

Zeugen werden gebeten, sich an die nächste Polizeidienststelle zu wenden. Eine Pressekonferenz ist für 16 Uhr angekündigt.

Die Tür zum Glück ist rot.

Und es steht *Bühnen-Eingang* darauf.

Wie ich es liebe, den schwarzen Türknauf zu drücken! Jedes Mal ist das wieder ein magischer Moment.

Es mag Opernschaffende geben, die den Nimbus Bayreuth nicht mit jeder Pore ihres Seins spüren. Sänger und Sängerinnen, die in der Sommerpause nicht für ein Drittel ihrer üblichen Gage in der bayrischen Provinz auftreten wollen. Musikliebhaber, die dem Oeuvre von Richard Wagner aus den unterschiedlichsten Gründen – von musikalisch bis politisch – nichts abgewinnen können. Aber ich gehöre nicht zu ihnen. Für mich ist das hier das Größte!

Wenn nur die blöde Silke von Hermann nicht wäre. Sie ist wie ein Spreißel, den man sich an einer Stelle eingefangen hat, an die man nicht herankommt.

Zu den Proben – heute steht die allererste Szene der Oper an – kommen wir grundsätzlich alle ‚in leger‘, also in der weltweit üblichen Unisex-Freizeitkleidung aus Jeans und Shirt. Wobei meine Jeans und mein Shirt natürlich von Vivienne Westwood sind – als Diva zieht man nichts von der Stange an!

Nur das Hermännchen hält sich nicht an diese unausgesprochene Regel. Sie rauscht in einem knöchellangen, silbernen Satinkleid unbekannter Provenienz herein und trägt dazu tatsächlich eine ganze Batterie an Preziosen. Im Licht der Bühnenscheinwerfer wirkt sie fast wie eine Blendgranate. Alle blinzeln.

„Die Sonne geht auf", flötet Kilian Kirchbichler, nachdem er das Augenlicht wiedererlangt hat, und

Carlos Meister läuft auf das Hermännchen zu und küsst ihr die heftig beringte Hand.

Ich schiebe meine Sonnenbrille, die ich bis eben wie eine Tiara auf meinen dunklen Locken getragen habe, nach unten auf den Nasenrücken.

Der Titel im Libretto der ersten Szene aus *Tristan und Isolde* lautet: *O blinde Augen, blöde Herzen.* Das passt ja dann, denke ich säuerlich.

„Hermännchen, hast du einen Juwelier ausgeraubt?", lästere ich, weil denken allein nicht befriedigt. Der Mensch muss sich auch mitteilen. Also, ich jedenfalls.

Sie lacht trillernd. „Aber nein. Du und deine Scherze immer ..." Sie hebt beide Arme und sieht ein bisschen aus wie ein Weihnachtsbaum mit zu viel Lametta: mehrere Armreife an beiden Armen, diverse Halsketten, zwei überdimensionierte Broschen, die Finger über und über voller Ringe, fette Ohrringe und – tatsächlich – ein Diadem auf dem Kopf. „Hat denn keiner von euch Zeitung gelesen? Wo doch ein Juwelendieb die Stadt unsicher macht, kann ich meinen Schmuck natürlich unmöglich in meiner Wohnung lassen. Das sind schließlich alles kostbare Erbstücke."

Ich würde jetzt gern etwas über die einsame Hirnzelle in Blondinenköpfen lästern, aber unsere Regisseurin ist ebenfalls eine Blondine, und mit ihr will ich es mir nicht verscherzen.

„Du weißt schon, dass du auch einfach ein Bankschließfach hättest anmieten können", sage ich stattdessen in relativ nüchternem Tonfall zu dem im Bühnenlicht glitzernden Hermännchen.

„Ach, Liebes", flötet meine Nemesis süßlich, „du kannst das selbstverständlich nicht wissen, weil du immer nur Strass trägst, aber echter Schmuck lebt und atmet. Man muss ihn am Körper tragen. In Bankschließfächern erstickt er."

Blöde Kuh. Es ist halt nicht jeder mit einem goldenen Löffel im Mund auf die Welt gekommen.

Aber um des lieben Friedens willen verkneife ich mir weitere Kommentare. Ich bin mir allerdings sicher, dass meine Stirnader vor unterdrückter Wut so heftig pocht, dass Cineasten vermuten könnten, ich hätte eine bösartige außerirdische Lebensform in mir, die jeden Moment aus meinem Körperinneren herausplatzen will – wie in Ridley Scotts *Alien*.

Das hier – Bayreuth! – ist wichtiger als alles andere. Ich stehe hier auf historischem Boden. Richard Wagner höchstselbst hat auf diesen Brettern seinen Traum von einer Bühne verwirklicht, auf der abseits vom Kulturbetrieb der Metropolen und ohne die Kompromisse eines Repertoiretheaters seine Vorstellungen vom Gesamtkunstwerk seines kompositorischen Schaffens umgesetzt werden konnte. Das habe ich extra gegoogelt, als ich erfuhr, dass ich die Traumrolle der Isolde singen würde.

Ich darf Isolde sein – kann es etwas Schöneres geben?! Das lasse ich mir doch von so einem Glitzerpüppchen nicht vermiesen!

Reviermarkierend laufe ich einmal quer über die Bühne und singe mich an verschiedenen Stellen ein. „Mi, mi, mi, mi, mi, mi."

Das Bühnenbild sieht für diese erste Szene das Vorderdeck eines Schiffes vor, auf dem Isolde und ihre Dienerin Brangäne nach Cornwall schippern. Isolde soll dort König Marke heiraten, obwohl sie eigentlich Tristan liebt. Man sieht eine Lagerstätte mit Kissen. Hoffentlich gelingt es mir, mich bis zum Ende der Probe zusammenzureißen und nicht dem beinahe unwiderstehlichen Drang zu folgen, eins der Kissen zu packen und dem Hermännchen auf ihren Sprech- und Atemapparat zu drücken ...

Die beiden Jungs am Bühnenrand, also Kilian und Carlos, sind gar nicht dran, haben aber gleich eine Anprobe und leisten uns so lange Gesellschaft. Sie umschwirren das Hermännchen wie Motten das Licht.

Zu gern würde ich noch etwas Vitriol absondern, aber mich plagt zunehmend das Gefühl, dass ich etwas Wichtiges vergessen habe.

Die Ledermappe mit meinem Text und meinen Anmerkungen liegt auf einem Hocker neben meiner Eineinhalbliterflasche mit stillem Wasser und meiner Thermoskanne mit Eisenkrauttee. Das Spitzentaschentuch, falls meine Stirn transpiriert, steckt in meiner Hosentasche. Eigentlich ist doch alles da? Was kann ich nur vergessen haben?

Wir haben auf der Bühne striktestes Handyverbot, darum habe ich der Garderobiere mein Smartphone zur Bewachung anvertraut. Das ist es also auch nicht. Hm.

In ein paar Metern Entfernung singt sich mit verhaltener Stimme Emilio Castilliani ein. Er gibt den Seemann, der sich nach seiner Liebsten sehnt. *Doremifasolatido ... ostwärts streicht das Schiff. Frisch weht der Wind der Heimat zu: Mein irisch Kind, wo weilest du? Sind's deiner Seufzer Wehen, die mir die Segel blähen?*

Wie sein Name schon sagt, ist Castilliani im wirklichen Leben kein Ire, sondern Süditaliener. Sein Deutsch ist, sagen wir mal, gewöhnungsbedürftig. Ebenso wie sein Englisch. Ich möchte fast wetten, sein Italienisch auch. Wenn ich den Text nicht auswendig könnte, würde ich keine Silbe verstehen. Aber was ihm an Artikulation fehlt, macht er an Optik wett: Er hat den waschbrettigsten Waschbrettbauch, den ich jemals gesehen habe. Werbung mitgezählt. Und er singt oben ohne. *Weile so heiße*, wie er uns mit seinem entzückenden Akzent erklärt hat.

Ich muss an meinen Arnaldur denken. Meinen ganz persönlichen Liebessklaven. Für mich ist er ein schöner Mann, aber an seinem Bauch sind die Rettungsringe ausgeprägt, nicht die Muskeln. Was mich nicht stört. Ich hab gern was zum Dranfesthalten.

Hm, habe ich womöglich Arnaldur etwas zugesagt, was ich dann vergessen habe? Der Gedanke, dass mir gerade irgendwas entgeht, nagt an mir. Aber ich komme einfach nicht drauf.

Man hört ein Rumpeln.

Das muss das Sommergewitter sein, das sich schon seit Tagen zusammenbraut. Seit meiner Ankunft in Bayreuth wechseln sich strahlender Sonnenschein und sturzbachartige Regenschauer ab. Gut, dass die Festspiele keine Freilichtveranstaltung sind. Dennoch wünsche ich mir für die Aufführungen schönes Wetter. Vor allem für die Premiere.

Ich lausche.

Ja, draußen donnert es.

Draußen.

OH MEIN GOTT!

Ich schubse Emilio beiseite und glitsche dabei mit der Hand aus, weil er sich doch tatsächlich den Oberkörper eingeölt hat, der eitle Fatzke, und wusele durch die Bühnentür in den Flur hinaus und dann in Richtung Haupteingang.

Wie konnte ich die Liebe meines Lebens vergessen?

Radames!

Wir hatten noch eine kleine Runde durch den Park unterhalb des Festspielhauses gedreht, vor dem Sicherheitszaun, der das Festspielgelände ein bisschen wie eine Gefängnisfestung erscheinen lässt, und dann habe ich ihn mit einer Schüssel Wasser versorgt – Flaschenwasser, nicht Leitungswasser – und ihn an den Hundehaken gebunden.

Ja, an den berühmten Hundehaken zwischen dem Haupteingang und den Ostseiteneingängen. Es heißt, dass Richard Wagner höchstselbst für die Anbringung dieses Hundehakens verantwortlich zeichnet, weil er doch so ein Hundeliebhaber war. Andere argumentieren, der Haken könne unmöglich auf Wagners Veranlassung angebracht worden sein, weil Wagner seine geliebten Hunde immer mit hinein ins Festspielhaus genommen hätte.

Siedend heiß fällt es mir wieder ein. Ich habe ein Handyfoto von Radames an dem berühmten Hundehaken geschossen, noch gesagt: „Mama ist gleich wieder da, mein Schatz" und wollte nur mal eben kurz in die Garderobe gehen.

Wann war das? Vor einer halben Stunde? Vor sechzig Minuten. Mein Gott!

Das ist natürlich allein Yves' Schuld. Yves, der heute Morgen in der Dusche ausgerutscht ist und sich den Knöchel gezerrt oder verstaucht oder was auch immer hat. Jedenfalls liegt er, der sich sonst immer um meinen Liebling kümmert, mit ihm Gassi geht und ihn bespaßt, während ich arbeite, mit einem Wärmepflaster und/oder einem Eisbeutel auf dem Knöchel auf dem Sofa vor dem Fernseher. Darum habe ich Radames ja überhaupt nur zur Probe mitgenommen.

So ein Mist!

Wie der Wind haste ich quer durch das Festspielhaus, reiße die Haupteingangstür auf und stakse hinaus in den prasselnden Regen. Draußen ist weit und breit kein Mensch zu sehen. Nur drüben, im Schutz des Vordachs der Imbisstheke, direkt unter dem Schild *Wein, Bruschetta & Ofenfrische Brezel*, steht ein kleiner, unscheinbarer Mann. Vermutlich ein Kellner bei der Raucherpause. Auch wenn er gerade nicht raucht.

Es schüttet wie aus Kübeln. Mein Radames sitzt wie ein begossener Pudel da, das Köpfchen gesenkt, und schaut mich von unten vorwurfsvoll an.

Dass er nur sauer, aber nicht traumatisiert ist, entnehme ich der Tatsache, dass er trotz Blitz und Donner keinen narkoleptischen Anfall erlitten hat.

Ich binde ihn los und presse ihn an meinen Busen.

„Ich mach's wieder gut, versprochen", flüstere ich ihm ins Terrier-Ohr auf dem Weg zurück zur Garderobe, wo ich ihn der Garderobiere mit den Worten „Bitte trockenrubbeln" in die Hand drücke.

Radames straft mich mit Nichtachtung.

Als ich wieder durch den knallroten Bühneneingang trete, hebt das Hermännchen gerade meine überdimensionale Wasserflasche hoch.

„Der Todestrank", juchzt sie, setzt die Flasche an und trinkt mit großen Schlucken, während die Jungs sich vor Lachen nicht wieder einkriegen, als hätte das Hermännchen gerade die Pointe von ‚Kommen ein Rabbi, ein Imam und ein Priester in eine Bar ...‘ erzählt und es wäre der absolute Brüller.

Soso, der Todestrank. Dazu muss man wissen, dass Isolde sich in der zweiten Szene überlegt, ob sie nicht lieber durch Selbstmord aus dem Leben scheidet, als die Frau des ungeliebten König Marke zu werden. *Der Trank ist's, der mir taugt,* singt sie dazu, *der Todestrank!* Dienerin Brangäne hält sie selbstredend davon ab, sonst wäre die Oper ja schon nach wenigen Minuten vorbei. Und Wagner konnte alles, nur keine Quickies.

„Schmeckt's?", rufe ich im Näherkommen.

Dafür war das Hermännchen schon im letzten Sommer berüchtigt – sie vergreift sich immer an den Vorräten der Kollegen: Wasserflaschen, Halspastillen, Geschenkkörbe. Natürlich nie an etwas, das schon geöffnet oder angegessen ist – wegen der Gefahr durch böse Keime –, aber an allem, was noch jungfräulich verpackt ist. Besitzverhältnisse sind was für Kleinbürger.

„Ich trinke lieber französisches Wasser, das hier schmeckt nach eingeschlafenen Füßen", kritisiert sie und stellt die für mich nunmehr auf alle Zeiten verunreinigte Flasche ab.

In mir keimt der Plan, in die nächste Wasserflasche, die ich mit auf die Bühne bringe, ein paar Tropfen Durchfallmittel zu träufeln ...

Was eine echte Diva ist, greift zum Füllfederhalter und tintenkleckst

Handlahm vom Signieren –
Eine Rampensau im Dirndl – Ein Stalker stalkt

Als Kind wollte ich immer Dampflokomotive werden. Wegen des Dampfes.

Später wurde mir klar, dass Gestaltwandler, die heute Mensch und morgen Maschine sind, in diesem Universum nicht existieren. Aber der Wechsel war zwingend notwendig, weil ich einfach gern esse und mir das menschliche Dasein als immer nur Kohle fressende Lok schon als Knirpsin wenig lustvoll erschien.

Also wollte ich Kalligraphin werden und Bücher mit Schönschrift füllen. Es stellte sich aber heraus, dass ich es mit dem Schreiben nicht so habe. Mein Talent liegt in den Stimmbändern, nicht in den Fingern.

„Für Günther", sagt die elegante Endfünfzigerin vor mir und mahnt noch: „Mit h!"

Warum sitze ich jetzt also doch vor einem Buch, auf dem mein Name steht, den Signierstift in der Hand, den schlafenden Radames am Schoß?

Weil es so was wie Ghostwriter gibt …

„Aber gern", flöte ich und schraube meinen Füllfederhalter auf. Wenn ich schon nicht schön schreibe, dann doch wenigstens edel in Tinte. Mitternachtsblaue Tinte. Passend zu meinem Etuikleid.

Pauline Miller male ich in übergroßen Schnörkelbuchstaben auf das Titelblatt. Und weil ich das Erinnerungsvermögen einer Eintagsfliege besitze, kritzele ich darüber: *Für Günter.* Ohne h. Mist! Na schön. Das h muss er sich eben dazudenken.

„Du bist so mutig", sülzt es neben mir, leise, aber doch im ganzen Raum zu verstehen. „Ich traue mich ja nicht, das Titelblatt zu signieren. Wo es doch ein Gemeinschaftswerk ist. Ich signiere immer direkt über meinem Beitrag."

Die Sülzestimme gehört dem Hermännchen. Ihr treuherziger Blick kann mich nicht täuschen: Das war ein Dolchstoß.

Wenn jetzt nicht gerade gut zwanzig kultivierte Menschen in der Schlange vor dem Signiertisch in der Oberfränkischen Buchhandlung stehen würden, dann – das schwöre ich bei allem, was mir heilig ist, also bei meinem Hündchen, meinen Edelklamotten und meiner Karriere – würde ich das Hermännchen sofort mit meinem Füllfederhalter aufspießen!

So aber lächele ich nur gequält und rufe: „Ich mache keine halben Sachen. Wenn man mich schon einmal live erlebt, dann ganzseitig und ganz vorn!"

Die Schlange applaudiert, nur die Mausgraue nicht, die sucht stirnrunzelnd das fehlende h in meiner Widmung. Weil ich gar so unleserlich schreibe, dauert das zum Glück seine Zeit.

„Der Nächste bitte", rufe ich rasch und streichele meinem Radames über das schlafende Hundeköpfchen. Ich glaube, er schläft aus Protest. Weil er mir den Regenschauervorfall von vorhin noch übel nimmt. Außerdem habe ich die Garderobiere im Verdacht, dass sie ihn trockengeföhnt hat, weil er sich gar so seidenweich anfühlt. Und weil er nach dem Schaumfestiger riecht, den ich auch immer nehme, um meinen Locken mehr Volumen zu geben.

Wärme macht Radames müde. Er schnarcht.

Unsere Probe wurde extra früher beendet, damit wir zum Signieren in die Oberfränkische Buchhandlung konnten. Dass nur Fans und keine Journalisten anwesend sind, schreibe ich dem Umstand zu, dass zeitgleich eine Pressekonferenz wegen des Juwelendiebstahls stattfindet. Damit können wir natürlich nicht konkurrieren.

Ein älterer Herr mit Pferdeschwanz und Cowboystiefeln tritt vor den Signiertisch. Er fällt nicht ganz in mein Beuteschema, und außerdem bin ich ja momentan in festen Händen, aber alte Single-Gewohnheiten legt man nicht so ohne Weiteres ab, darum schenke ich ihm ein kokettes Lächeln.

„Auf welchen Namen soll ich die Widmung ausstellen? Auf Ihren?", frage ich und lege flirtend den Füllfederhalter an die Unterlippe.

„Danke, aber ich warte auf Frau von Hermann", sagt er und schaut fanverliebt an mir vorbei zum Hermännchen.

Das ist die Kehrseite des Ruhms. Dass man ihn mit jemandem wie der teilen muss ...

Ich konzentriere mich darauf, meine Gesichtszüge ob dieses Affronts nicht entgleisen zu lassen.

Radames in meinem Schoß röchelt und sabbert.

Opernstars heute lautet der Titel des Buches, das rechtzeitig zu den Bayreuther Festspielen erschienen ist. Stapelweise liegt es neben dem Signiertisch im ersten Stock und auch unten beim Eingang in der Abteilung mit den Opernbüchern.

Diverse Kollegen und Kolleginnen von uns geben darin Auskunft über ihr Leben als moderne Sängerelite: Immer auf Tour, immer unter immensem Druck – was macht das mit einem? Die Herausgeberin des Buches kam im Winter extra mit dem Ghostwriter nach Island, wo ich das Weihnachtsfest und den Jahreswechsel mit Arnaldur auf dessen Einödhof verbrachte. Ich fühlte mich sehr geschmeichelt. Bis ich erfuhr, wer noch alles in dem Buch verewigt sein würde.

„Ich weiß ja nicht recht … ob wir da alle vom selben … äh … *Kaliber* sind", deutete ich an, als mir die Herausgeberin die Liste mit den angefragten Sängern und Sängerinnen vorlegte. Möglich, dass mein Zeigefinger dabei auf dem Namen *Silke von Hermann* zu ruhen kam – ganz unwillkürlich, versteht sich.

„Natürlich gibt es Qualitätsunterschiede", hatte die Herausgeberin eingeräumt. „Aber um … äh … nur ein Beispiel zu nennen – eine Frau von Hermann ist allein aufgrund ihrer adeligen Herkunft natürlich von Interesse für ein Laienpublikum. Wir dürfen bei aller Liebe zur Kunst die Verkaufszahlen nicht ganz außer Acht lassen. So haben wir Javier Segura im Grunde auch nur ins Buch aufgenommen, weil er seine Ausbildung zum Sänger als männliches Unterwäschemodel finanziert hat – sein Beitrag besteht fast ausschließlich aus Fotos aus dieser Zeit. Die künstlerische … in Ermangelung eines besseren Wortes … *Bedeutung* … der einzelnen Beitragsleister wird sich in der Länge ihrer jeweiligen Kapitel niederschlagen. Und für Sie haben wir zehn Seiten veranschlagt."

Zehn Seiten! Ich fühlte mich gebauchmietzelt.

Wie nicht anders zu erwarten, gab es am Ende für *jeden* vorgestellten Star zehn Seiten und für das Hermännchen sogar zwölf, weil sie noch mehr Fotos hatte wie Javier Segura, nur nicht von sich in Unterwäsche, sondern von sich im Schloss ihrer Ahnen, von sich auf dem Pferderücken eines rassigen Hengstes, von sich auf der Hochzeit von William und Kate.

Das Leben ist ja im Grunde eine einzige Aneinanderreihung von Ohrfeigen. Das Geheimnis besteht darin, diese mit Würde zu ertragen. Und die Ohrfeigenzwischenräume zu genießen. So wie jetzt.

„Frau Miller, Sie sind mein großes Vorbild", schwärmt nämlich in diesem Moment eine bildhübsche Anfangzwanzigjährige und schubst den Pferdeschwanzträger rüde beiseite, um Zugang zu mir zu bekommen. „Ich singe auch, müssen Sie wissen. Und feile gerade an meinem Karriereplan. Ständig frage ich mich: Was würde Pauline Miller an meiner Stelle tun?" Sie presst die Hände an die Brust. „Ich verfolge Ihre Laufbahn schon seit Jahren. Wie haben Sie es geschafft? Was ist Ihr Geheimnis?" Aus großen Kinderaugen schaut sie mich an.

Ich bade ein wenig in ihrer Lobhudelei und schaue aus den Augenwinkeln nach nebenan, ob das blöde Hermännchen das auch mitbekommen hat. Ihr mögen greise Operngänger zu Füßen liegen, mich himmelt die nächste Generation an Opernsängern an. Ha! Nimm das!

Hoffnungsvoll starrt die Elevin mich an. Meine Antwort auf ihre Frage wird ihr nicht gefallen. Es ist ihr anzusehen, dass sie eine Strategie zum Erfolg von mir erwartet, eine narrensichere Formel, eine todsichere Methode mit Garantieschein. Vielleicht sogar eine Pille, die man einfach einwirft. Aber ich werde ihr sagen müssen, dass man als Künstler oder Künstlerin einfach „tun" muss, einfach loslegen.

Das Leben behandelt einen nicht mit Samthandschuhen. Im Gegenteil, wir müssen alle erstmal durch viel Schlamm waten, der oft bis an die Ohren reicht, bevor wir allmählich trockenen Boden erreichen und vielleicht – nur vielleicht – die ersten Freeclimbing-Griffe am Olymp machen können, die uns mit etwas Glück irgendwann zum Gipfel führen. Nach sehr, sehr viel neuer Hornhaut an den Freeclimbing-Fingern …

Ich breite in dramatischer Geste die Arme aus, um ihr das zu erläutern und bedenke dabei nicht, dass ich meinen Füllfederhalter nicht wieder zugeschraubt habe. Und dass mein Füller leckt ...

„Aaaaaah!", schreit das Hermännchen auf.

Radames in meinem Schoß ist bestimmt im Schlaf vor Schreck narkoleptisch in sich zusammengebrochen. Äußerlich merkt man ihm nichts an, er schläft einfach weiter.

Wir haben uns natürlich beide nach der Probe umgezogen. Ich trage zwar immer noch Vivienne Westwood, aber jetzt ein raffiniert geschnittenes, asymmetrisches Kleid aus der Anglomania-Kollektion.

Das Hermännchen ist kein wandelndes Lametta-Monster mehr, sondern hat sich – so wirkt es zumindest, weil es gar so eng und körperbetont sitzt – in ein blütenweißes Baumwollkleid einnähen lassen. Ihr Schmuck erstickt vermutlich gerade in einem Bankschließfach, denn sie trägt ihn nicht mehr. Vermutlich wollte sie für den Juwelendieb, der immer noch auf freiem Fuß durch Bayreuth geistert, soweit wir wissen, kein lebendes Reklameschild à la *Komm und hol's dir* abgeben.

Schimpfen Sie mich paranoid, aber mir ist klar, dass das Hermännchen absichtlich ein blütenweißes Kleid gewählt hat. Sie trägt es, um mich im Vergleich zu ihrer jungfräulichen Reinheit älter wirken zu lassen.

Trug, muss es wohl besser heißen.

Ich hoffe, ihre Kammerzofe kennt ein gutes Fleckenentfernungsmittel. Das Tintenklecksmuster auf ihrem Kleid könnte man fast schon pointillistisch nennen. Es erinnert an ein Werk von Pissarro. Ob ich ihr anbieten soll, das Kleid zu signieren?

„Das hast du doch mit Absicht getan!", kreischt das Hermännchen.

„Aber nein!", erkläre ich mit inbrünstiger Aufrichtigkeit, weil es ja auch stimmt. Dass ich diesen Verlauf der Ereignisse mit einem innerlichen Freudengrinsen quittiere, geht ja keinen etwas an.

Der Pferdeschwanzträger reicht dem Hermännchen sein Einstecktuch, das sie nimmt und damit über die Tintenflecke wischt. Mehr Beweise brauche ich nicht, um bestätigt zu sehen, dass ihr Intelligenzquotient einstellig sein muss. Tintenfleckschlieren ziehen sich gleich darauf expressionistisch über das Kleid. Mehr Kandinsky als Pissarro. Wäre sie Opfer einer Messerattacke geworden, würde sie vermutlich genauso aussehen – schließlich blutet sie ja angeblich blau.

„Das tut mir unendlich leid", töne ich mit dem Ausdruck tiefen Bedauerns. Ich habe mal die Madama Butterfly gesungen, ich weiß, wie man Bedauern stimmlich rüberbringt.

Das Hermännchen ist noch mit Wischen beschäftigt, und der Pferdeschwanzträger fühlt sich bemüßigt, ihr zu Hilfe zu eilen, und brummt: „Sie hätten wirklich etwas besser aufpassen können, gnädige Frau."

Die Leute ganz hinten in der Schlange haben nicht alles mitbekommen und recken nun die Hälse.

„Wie reden Sie denn mit Frau Miller! Das war eindeutig ein Unfall, dafür kann keiner was!", eilt mir mein junger Fan zu Hilfe, was ich mit einem dankbaren Blick belohne. Die Kleine wird rot.

„Unfälle lassen sich vermeiden, wenn man mit Bedacht handelt", erklärt Hermännchens Ritter von eigenen Gnaden.

Das lässt meine Amazone nicht einfach so im Raum stehen. „Frau von Hermann hätte ja ruhig die Augen aufhalten können, dann hätte sie gesehen, was auf sie zukommt, und ausweichen können."

„Kleines Fräulein ...", fängt der Pferdeschwanzritter an.

„Kleinesfräuleinen Sie mich gefälligst nicht! In welchem Jahrhundert leben Sie denn?"

Es ist nur eine Frage der Zeit, bis die Auseinandersetzung handgreiflich wird. Ihm zuckt die Hand, ihr der Fuß. Gibt es gleich rote Fingerabdrücke auf ihrer Wange und ein pfennigabsatzgroßes Loch in seinem Schienbein?

Nicht nur die Leute, die in der Schlange anstehen, starren gespannt, auch das Hermännchen und ich.

Da greift beherzt eine Buchhändlerin ein.

„Kurze Pause", ruft sie und führt das Hermännchen und mich in den Nebenraum, der uns als Künstlergarderobe dient.

Im Gehen, den immer noch tief schlafenden Radames an meine Brust gedrückt, schaue ich über die Schulter. Das ist die Faszination der Eskalation – man kann einfach den Blick nicht abwenden. Im Konflikt zwischen dem Pferdeschwanzträger und der jungen Nachwuchssängerin ist das letzte Wort noch nicht gesprochen, und ich möchte nichts verpassen.

Und weil ich, wie alle anderen, so angestrengt zu Kampfhahn und Kampfküken schaue, entgeht mir, dass eben nicht ausnahmslos alle dieselbe Blickrichtung haben.

Einer ist dabei, der – klein, unscheinbar und mausgrau, wie er ist – nicht weiter auffällt. Er schaut zu mir.

Beobachtet mich.

Atmet schwer.

Wäre er mir aufgefallen, vielleicht wäre dann alles ganz anders gekommen ...

Im Tölt ins Glück

Männer sind was Wunderbares: als Dessert wohlgemerkt,
als Hauptspeise können sie einem ganz schön schwer im
Magen liegen! – Liebe im Zeitalter von Skype –
Unverhofft kommt oft

Mann zu sein, ist per se nicht schlimm. Jesus, Albert
Schweitzer und die Beatles waren Männer. Das ist im
Grunde vollkommen in Ordnung. Aber ...

Sie hören das *Aber* heraus, nicht wahr?

Mann zu sein ist – allein für sich genommen – auch
kein Verdienst, es reicht noch nicht, um darauf stolz zu
sein. Man hat ja nichts geleistet, außer ein fehlerhaftes
zweites X-Chromosom zu haben. Dafür musste man
keinen Iron Man schaffen oder promovieren. Man ist
einfach so auf die Welt gekommen.

Neben dem zweiten X-Chromosom fehlt ja vielen
Männern auch noch anderes – beispielsweise das feine
Einfühlungsvermögen, das uns Frauen im Allgemeinen
auszeichnet. Das Gespür für die Temperatur einer Beziehung.

Ist die erste Phase der Verliebtheit abgeklungen, gehen Männer ihre Beziehungen oft so an wie ihr Frühstück: Nur ja keine Veränderung, dann weiß man, was
man hat. Honigbrot und ein weiches Ei oder Magerstu-
fenkäse auf Vollkornknäcke und ein halber Apfel – das
gibt Orientierung in einer zunehmend chaotischen Welt.

Seit Arnaldur und ich zusammengekommen sind,
das ist nun schon ein ganzes Jahr her, haben wir ungefähr hundert von diesen 365 Tagen zusammen ver-
bracht. Den Rest der Zeit sind wir an unterschiedlichen
Häusern engagiert. Man sieht immer nur das Strahlen
des Ruhmes, aber das ist die Kehrseite der Medaille.

Mit den Menschen, die wir lieben, haben wir mehrheitlich nur virtuell Kontakt.

An diesem Abend sind Arnaldur und ich für Mitternacht verabredet. Wie jeden Abend. Das war meine Idee. In dem Film *Indiskret* führen Ingrid Bergman und Cary Grant ebenfalls eine Fernbeziehung und telefonieren immer Schlag Mitternacht miteinander. Für mich ist das der Bonus der Medaillenkehrseite: Ich *lebe* einen Hollywoodfilm!

„Gute Nacht, Leute!", rufe ich um halb zwölf Bröcki und Yves zu.

Die beiden lümmeln auf dem beigen Sofa im Salon meiner Suite, löffeln gemeinsam Chili con Carne aus einem Topf und schauen fern. Yves hat sein dick bandagiertes Bein hoch gelagert. Ich gehe mal sehr davon aus, dass er die Bügelwäsche, die heute eigentlich fällig gewesen wäre, nicht erledigt hat. Und auch sonst nichts.

Bröcki und Yves haben natürlich ihre eigenen Zimmer im Hotel, aber keiner macht Anstalten, aufzustehen und sich zu trollen. In meiner Suite ist es einfach gemütlicher. Zudem gibt es hier eine richtige Küchenzeile. Aber sollen sie ruhig bleiben, das kratzt mich nicht. Die Erfahrung hat gezeigt, dass sie in Überlichtgeschwindigkeit verduften, sobald ich oben – zum offenen Schlafzimmer führt eine Wendeltreppe – anfange, am Laptop Sexgeräusche von mir zu geben.

Beim Abschminken summe ich *The Look of Love*, eins meiner Lieblingslieder. Ich summe es zur Einstimmung auf Arnaldur. Dieser vollbärtige Isländer, der Musik und Mode ebenso liebt wie ich, hat es mir angetan. Sehr sogar. Von Liebe will ich allerdings nicht reden, das hat so was Ernstes. Im Grunde ist es auch einfach bequem, fest liiert zu sein, ohne fest gebunden zu sein …

Jedenfalls fühle ich mich in seiner Gegenwart wohl, auch wenn sie nur virtuell ist. Er wird mich nach diesem schrecklichen Tag wieder auf schönere Gedanken bringen.

Mein Laptop liegt bereits aufgeklappt auf dem überbreiten Hotelbett. Heute ist Arnaldur dran. Jeden Moment muss das vertraute Blubbergeräusch ertönen. Der Skype-Ton zeigt mir an, dass mein Lover im Bett seiner Londoner Wohnung liegt, nur in Boxershorts, die Packung Kleenex griffbereit auf dem Nachttisch.

Mein Summen wird lauter …

„Radames, ins Körbchen mit dir!", rufe ich meinem kleinen Liebling zu. Er steht auf der obersten Stufe der Wendeltreppe, wackelt mit dem Schwänzchen und hat das Näschen schnüffelnd nach unten gesenkt. Vermutlich hat Yves eine Bifi-Minisalami ausgepackt. Mein Kleiner hat allerdings Angst vor der Wendeltreppe – allein kommt er weder hoch noch runter.

„Letzte Warnung", rufe ich nach unten. „Ich gehe jetzt ins Bett und widme mich Hardcore-Telefonsex!"

Ich höre ein Rascheln und stelle mir grinsend vor, wie Yves angeekelt Salami-Reste ausspuckt und von dannen humpelt. Bei Bröcki braucht es nach der letzten Warnung immer noch eine allerletzte Warnung.

Ein prüfender Blick in den Ganzkörperspiegel.

Ja, kann sich sehen lassen. Die dunklen Locken fallen mir offen über die nackten Schultern, das Seidennegligé mit den Spaghettiträgern umspielt locker meine rubenesken Rundungen. Maniküre und Pediküre lassen nichts zu wünschen übrig. Das Gesicht ist abgeschminkt, bis auf die Augen. Das ist der Nachteil von Telefonsex mit Bild: Auch die Optik muss stimmen, nicht nur die Geräusche.

Ich packe Radames in der Leibesmitte und setze ihn in seinem Körbchen ab. Hinterher wird er zu mir aufs Bett dürfen, aber Arnaldur hat es sich – nach mehrmaligen Photobombingvorfällen – streng verbeten, online mit mir Liebe zu machen, während eine feuchte Boston-Terrier-Schnauze sich immer wieder vor die Laptopkamera schiebt und eine Hundezunge hingebungsvoll das Display abschleckt.

Ein Blick zur Uhr. Wie jetzt – schon zwei Minuten nach Mitternacht?

Sonst ist Arnaldur immer pünktlich. Was hat diese Verspätung zu bedeuten? Ob sein Begehren für mich langsam abkühlt?

Ich drapiere mich augenfällig auf dem Bett. Ein Bett mit Baldachin. Ich komme mir vor wie eine Prinzessin. Nach all den Monaten habe ich natürlich gelernt, wie ich für das, was wir gleich vorhaben, am besten posiere: viele Kissen im Rücken, die Haare wie ein Fächer ausgebreitet, das Negligé anfangs noch züchtig anliegend. Allenfalls einer der Spaghettiträger darf über die Schulter rutschen.

Ja, ich muss sagen, ich sehe gut aus.

Fünf Minuten nach Mitternacht.

Arnaldur hat heute keine Aufführung gehabt, nur ein Essen mit Sponsoren der Royal Albert Hall. Wir haben ausgemacht, dass wir uns auf jeden Fall eine SMS schicken, sollte je etwas dazwischenkommen. Was in unserem Beruf ja immer mal passieren kann. Aber er hat keine SMS geschickt. Weil er mit seiner Assistentin im Bett liegt?

Weil er unter einen der roten Londoner Doppeldeckerbusse geraten ist?

Weil er mich schlichtweg vergessen hat?

Unruhig rutsche ich auf dem Bett herum. Auf gar keinen Fall werde ich *ihn* anskypen. Das riecht nach Verzweiflung. Oder?

Nach einer gefühlten Ewigkeit, in der ich mich in Geduld übe – eine Tugend, die mir definitiv nicht in die Wiege gelegt wurde –, schaue ich wieder zu der Uhr.

Fünf Minuten dreißig Sekunden nach Mitternacht.

Dass die Zeit keine Konstante ist, weiß jedes liebende Herz – manchmal zieht sie sich wie Sirup, dann wieder rast sie im Schweinsgalopp. Im Moment ist Sirupzeit angesagt.

Ich halte es keine Sekunde länger aus. „Bröcki!", brülle ich. „Kann es sein, dass das Internet kaputt ist?"

„Nmnn!", ruft es zurück. Ich gehe davon aus, dass Bröcki den Mund voll mit Chili con Carne hat, und interpretiere das *Nmnn* als Nein.

„Aber mein Skype geht nicht!"

„Doch, das geht." Jetzt hat sie den Mund frei. Sie lässt sich eben keine Gelegenheit entgehen, mir zu widersprechen.

„Schick Yves hoch, er soll mir das reparieren."

„Es ist nicht kaputt und Yves ist gegangen." Sie kichert albern.

Wieso kichert sie albern?

Verflixt. So wird das nichts. Ich könnte versuchsweise jemand anderen anskypen. Beispielsweise ...

Mir fällt niemand ein. Ich muss ständig an den rötlich ganzkörperbehaarten Leib meines Lovers denken, in den sich in diesem Moment womöglich eine kleine Engländerin verkrallt.

„Aaaargh!", brülle ich meinen Frust heraus und strampele mit den Beinen.

„Mylady haben gerufen? Schon bin ich da, meine Schöne."

Eine tiefe, vibrierende Männerstimme, die zum Lispeln neigt. Eine Stimme, die ich überall wiedererkennen würde. Ich reiße die Augen auf.

Arnaldur!

In dem edel verwuschelten Hipster-Holzfällerlook, der ihm so ausnehmend gut steht, auch wenn er Dirigent mit manikürten Händen ist, der in seinem ganzen Leben noch keinen Baum gefällt hat.

„Arni?" Ich lege den Kopf schräg. Das muss eine Halluzination sein ... Anders lässt es sich nicht erklären. Eine durch Extremsehnsucht in Verbindung mit fleischlicher Begierde hervorgerufene Fata Morgana.

„Pauly?" Er legt den Kopf ebenfalls schräg und imitiert meinen Tonfall.

Fata Morganas machen sich nicht über einen lustig.

Ich ziehe ein Kissen unter meinem Rücken hervor und werfe nach ihm. Arnaldur fängt es auf und steigt zu mir aufs Bett. Er haucht etwas auf Isländisch, das wie *engillin minn* klingt. Ich deute es als Liebesgurren und breite die Arme aus, um ihn an meine Brust zu ziehen.

„Ihr seid noch nicht allein, benehmt euch gefälligst!", ruft es aus dem unteren Stock der Suite nach oben.

Bröcki.

Sie wusste bestimmt Bescheid, deswegen hat sie vorhin auch so albern gekichert.

Ich will „Dann geh halt auf dein eigenes Zimmer" zurückrufen, aber Arnaldur verschließt mir den Mund mit heißen Küssen. Die Zunge, die sich gleich darauf zwischen unsere Gesichter schiebt, gehört jedoch nicht ihm, sondern Radames.

Arnaldur flucht.

Dass er meinen Radames nicht packen und in die Tonne klopfen – will heißen, mit Schwung ins Körbchen werfen – darf, das hat mein Lover mittlerweile

gelernt. Mein Hund ist mir heilig. Aber selbst ich empfinde Radames in diesem Moment als störend.

„Aus!", sage ich streng und hebe ihn vorsichtig vom
Bett.

Arnaldur schält sich aus seiner Umhängetasche, aus
der er noch etwas zieht, das er unter seinem Körper
versteckt, als er sich neben mich legt und tief ausatmet.
„Ich bin völlig groggy."

„Warum hast du nicht Bescheid gesagt, dass du
kommst?" So sehr ich mich auch freue, ich bin keine
Freundin von Überraschungen. Natürlich kann ich ihn
gar nicht oft genug sehen, aber doch lieber mit Vorwar-
nung. Als Frau hat man ja seine kleinen Geheimnisse,
die in aller Regel mit Epilation an schwer einsehbaren
Körperstellen oder Zwiebelsuppe zum Mittagessen zu
tun haben. Das eine tut man, wenn man weiß, dass der
Liebste kommt, das andere lässt man ...

„Manchmal muss ein Mann tun, was ein Mann tun
muss." Er legt seine feingliedrige Dirigentenrechte in
meinen Nacken und zieht mich an sich.

„Mein müder Held." Ich küsse seine Stirn, sehr erleichtert, dass sich meine Angstphantasien nicht be-
wahrheitet haben. Die kleinen Engländerinnen können
mir eben nicht das Wasser reichen!

„Bist du hier, weil dir ein Vögelchen gezwitschert
hat, wie nervig es gerade für mich ist?" Ich kuschele
mich in seine Armbeuge. Von London nach Nürnberg
gibt es Direktflüge. Und von Nürnberg nach Bayreuth
fahren bis in die späte Nacht hinein durchgehende
Züge. Perfekt, wenn einen spontan die Sehnsucht packt.
Oder man die Liebste trösten will.

„Nervig? Nein. Ich weiß von nichts. Was war denn?"
Ihm fallen die Augen zu. Ich schiebe sie mit Daumen
und Zeigefinger wieder auf.

„Ach, da ist dieser berüchtigte Juwelendieb, vor dem alle Angst haben. Und das blöde Hermännchen singt die Brangäne. Bröcki hat mir kein Wort gesagt – ist das zu glauben? Und ... hörst du mir überhaupt zu?"

„Ich höre jedes Wort", lügt er.

Ich stupse ihn unsanft. Und weil er ja immer noch voll angekleidet ist, fange ich an, ihm das Hemd aufzuknöpfen. „Wenn du ... nicht hier bist ... um mir in meinen seelischen Nöten ... Beistand zu leisten ... dann planst du ganz zweifelsohne ... Unartiges." Nach jedem Knopf gibt es einen Kuss in den sich immer weiter öffnenden Hemdkragen. Seine Brusthaare kitzeln mein Kinn.

Radames knurrt grummelnd in seinem Körbchen. Er spielt ungern die zweite Geige.

Arnaldur reißt sich zusammen und richtet sich auf die Ellbogen auf. „Beinahe wäre ich eingeschlafen."

„Für das, was ich mit dir vorhabe, musst du nicht zwingend wach sein", murmele ich und öffne seinen Gürtel. „Ich wollte immer schon einmal die Geschichte der O nachstellen, nur in männlich."

Er schiebt meine Hand beiseite.

„Später", sagt er. „Ich will dir unbedingt noch etwas sagen." Er hebt den Gegenstand hoch, den er aus seiner Tasche geholt hat.

Sprühsahne!

„Sprühsahne!", jubiliere ich.

Mein Mund wandert zu seinen Lippen. Als ich mich sattgeküsst habe, hauche ich: „Du weißt genau, was eine Frau sich wünscht!"

Wer bei Sprühsahne an Sexspielchen à la *Neuneinhalb Wochen* denkt, liegt bei Arni und mir allerdings falsch. Uns beide eint ein anderes Gelüst.

Schokoladeneiscreme!

Mit Sahne!

Sahne, die ich mir aus diätetischen Gründen normalerweise verkneife, die mein Arni aber jedes Mal mitbringt, wenn er mich besucht. Das kennt man aus der Hundeerziehung – es nennt sich positive Konditionierung.

Wie ein Wirbelwind sause ich nach unten zum Kühlschrank der Suite. Zwei Dinge findet man bei mir immer gut gekühlt: Champagner und Schokoladeneiscreme.

Auf dem Rückweg fällt mir auf, dass das Sofa leer ist und es in der Gästetoilette rumort. Bröcki und der Fluch des Chili con Carne. Ich fische die Schachtel Streichhölzer, die ich immer dabei habe, aus meiner Handtasche. Wie jeder weiß: Die beim Entfachen eines Streichholzes entstehenden Schwefeldüfte neutralisieren das durch Verdauungsprozesse erzeugte Methangas in kleinflächigen Räumen. Oder bringen es zum Explodieren. Jedenfalls lege ich vorsorglich eine Schachtel auf der Kommode neben der Gästetoilette parat.

Dann schwebe ich die Wendeltreppe hoch. Die Anwesenheit von Arnaldur macht mich leichtfüßig.

Oben angekommen muss ich Radames schon wieder vom Bett heben. Auch wenn mein Lover meinen Hund nicht liebt, so liebt doch mein Hund meinen Lover. Oder auch nur dessen Bart – das ist nicht so ganz klar. Jedenfalls ist es für Radames das Größte, wenn er Arnaldur das haarige Kinn schlecken darf. Was ich, trotz aller Liebe zum Hund, nicht so gern sehe, weil ich ja weiß, woran mein Kleiner sonst noch so schleckt, und mich der Gedanke daran hemmt, wenn ich anschließend meinerseits Arnaldur küsse. Aber jetzt gerade ist es mir recht: Arni sieht aus, als wäre er ohne die Hundezunge, die im Akkord über ihn leckt, eingeschlafen.

Ich reiche ihm die kleine Schüssel mit dem Schokoladeneis, sprühe großzügig Sahne darauf und füttere ihn dann mit dem mitgebrachten Löffel.

„Wie schön, dass du da bist", gurre ich und erzähle ihm das Neueste von Hermännchen im Besonderen und den Proben im Allgemeinen. „Der Tristan – Carlos Meister, den kennst du doch auch?" Arni nickt. „Also, Carlos singt immer aus, schon jetzt bei den Proben. Wie will er das die ganze Saison über durchhalten? Außerdem fehlt ihm das Timbre, er hat so was von überhaupt keine Nuancen." Die Rolle des Tristan in *Tristan und Isolde* gilt als die Marathonstrecke des schweren Fachs. Wer den Tristan schafft, so heißt es, der schafft auch alle anderen Partien. „Carlos denkt wohl, er müsse der Welt was beweisen. Aber ich glaube, er schießt sich damit selbst ins Knie. Der Arme."

Immer, wenn Arni die Lippen bewegt, schiebe ich ihm eine neue Ladung Eis mit Sahne in den Mund.

Doch schon wieder drückt er meine Hand zur Seite. „Ich muss dir was sagen, mein Engel." Er druckst herum, schaut zum Baldachin über dem Bett, räuspert sich und sieht mich dann aus seinen gletscherblauen Wikingeraugen an.

Was kommt jetzt? Doch eine kleine Engländerin? Ich schlucke schwer.

„Das Opernhaus in Perm hat mich angefragt. Ich soll dort musikalischer Leiter werden."

Eine Sekunde lang bin ich erleichtert.

Wir verbrachten den Jahreswechsel in Russland. Sehr *Doktor Schiwago*. Mit Kutschfahrten im Schnee und romantischen Liebesspielen vor dem flackernden Kamin. Aber offenbar ging er nicht immer nur zum Ja-

gen, wenn er mich frühmorgens küsste und sich dann –
dick vermummt in Fellmütze und Pelzmantel – für ein
paar Stunden absetzte.

Meine Erleichterung wird schockgefroren.

„Erstmal nur befristet", legt Arni rasch nach. „Auf
drei Jahre. Eine phantastische Chance. Das Orchester
ist großartig. Und das Programm kann ich mehr oder
weniger eigenverantwortlich gestalten."

„Was soll das heißen?"

Hat er eben gesagt, dass er sich für drei Jahre nach
Perm verpflichtet? Perm? Egal, wo wir in Europa auftreten, man kann immer *schnell mal* auf einen Besuch
vorbeikommen. Aber Perm! Die Stadt liegt im Ural. Sie
war einst der Verbannungsort für politische Häftlinge
des Zaren. Im günstigsten Fall dauert der Flug sechzehn Stunden!

„Das soll heißen, dass ich endlich bis an die Grenzen
dessen gehen kann, was musikalisch möglich ist." Seine
Augen strahlen auf. Sein Blick wandert ins Unendliche,
wo er zweifelsohne sein höchstpersönliches Paradies
vor sich sieht, in dem rund um die Uhr klassische Musik erklingt – und zwar ganz genau so, wie er sie dirigiert sehen möchte. „In Perm gibt es noch wahren
Abenteuergeist, was Musik angeht. Ich kann ..."

Er bemerkt meinen Gesichtsausdruck und verstummt.

Wir haben nie groß über die Zukunft geredet. Schon
gar nicht über eine gemeinsame. Wir haben ja nicht
mal dezidiert erklärt, dass wir exklusiv nur miteinander schlafen wollen. Es hat sich einfach organisch ent-
wickelt, ohne große Worte. Aber jeden Morgen, wenn
er völlig zerknautscht und verwuschelt neben mir auf-
wachte und aussah wie ein Waschbär auf Drogen und
mir trotzdem das Herz überging, wusste ich: ER.

Aber nun ist aus *ich* und *du* doch kein *wir* geworden, sondern nur das übliche Gefühlsdurcheinanderdingens.

Mein Fehler. Arnaldur ist mir gegenüber nie eine Verpflichtung eingegangen. Und die Chance, die sich ihm in Perm bietet, ist wirklich exorbitant phänomenalfabulös. Das ist mir klar. Aber ich habe dennoch das Gefühl, als habe mir gerade eine aztekische Faust das schlagende Herz aus dem Brustkasten gerissen.

Meine Welt implodiert.

Arnaldur nimmt mir den Löffel aus der Hand und presst meinen Handrücken an seine Wange.

Radames liegt halb im Körbchen, halb auf dem Bettvorleger und schnarcht.

Draußen schlägt die Kirchturmuhr ein Mal.

„Ich sehe nach, ob es noch mehr Eis gibt", sage ich mit monotoner Stimme, entziehe Arnaldur meine Hand, rutsche vom Bett und steige die Wendeltreppe nach unten.

Nicht weinen, nicht weinen, wehe, du weinst!, ermahne ich mich bei jeder Stufe.

Unten stehe ich erstmal dumm herum. Wie reagiert eine erwachsene Frau auf so einen Schock? Keine Ahnung, aber das enttäuschte Girly in mir möchte irgendwas in Stücke schlagen! In der Gästetoilette rumort es immer noch.

Bröcki.

Sie ist meine Agentin-Schrägstrich-Freundin – sie soll mir einen Rat geben. Ich stapfe zur Tür und hämmere dagegen. „Mach schneller, ich brauche dich!"

Man hört Wasserrauschen, dann wird die Tür geöffnet.

Ich schaue nach unten. Ungefähr in Hüfthöhe. Wo sonst immer Bröckis Gesicht ist. Da ist aber kein Gesicht, sondern nur der Schritt einer Levis 401 mit Knöpfen. Mein Blick wandert nach oben. Rüschenhemd. Punkjacke. Freundschaftsarmbänder. Piratenohrring. Nickelbrille. Wildwuchsvollbart. Grauer Männerpferdeschwanz.

„Papa?!"

„Prinzesschen!"

Mein Vater ist eigentlich Klavierlehrer, aber in letzter Zeit holt er mit Mitte sechzig seine Midlife-Crisis nach und macht auf Alt-Hippie, was sich zu einer Vollzeitbeschäftigung ausgewachsen hat. Ausgelöst wurde dies offenbar durch den plötzlichen Freiheitsdrang meiner Mutter, die von jetzt auf gleich nach Berkeley ging und einen Töpferkurs belegte, ohne sich darüber zu äußern, wann sie zurückkommen würde – oder ob überhaupt. Zumal sie an der dortigen Uni mit einem Professor turtelt. Ich verdränge – meist erfolgreich – den Gedanken daran, dass meine Eltern sich scheiden lassen könnten. Die beiden entstammen der Generation der freien Liebe – womöglich funktioniert so eine offene Ehe für sie.

Trotzdem wacht Mama auch von fern wie eine Glucke über ihre Familie, und wenn Papa und ich uns nicht jeden Tag bei ihr melden – per Mail oder Textnachricht oder telefonisch –, geht sie davon aus, dass Außerirdische uns entführt haben, und alarmiert die CIA und CNN. Das sage ich nicht nur so, das habe ich schon erlebt. Es hat einen Grund, warum ich so überkandidelt bin, wie ich bin. Ich bin die Tochter meiner Mutter ...

„Papa!", wiederhole ich konsterniert.

„Prinzesschen!", wiederholt er, nimmt mich in den Arm und küsst mich auf die Stirn.

„Was ...?"

„Dein Arnaldur hat mich angerufen. Er wollte wissen, wie man dir am besten eine schlimme Nachricht beibringt." Mein Vater setzt sich auf das Sofa, auf dem eben noch Bröcki saß, nimmt die Fernbedienung in die Hand und zappt los. Ohne mich anzusehen, sagt er: „Ich weiß es, und du weißt es auch – es gibt keinen guten Weg, dir etwas zu erzählen, was du nicht hören willst, aber ich rieche es immer, wenn ein Freiflug in der Luft liegt, also habe ich Arnaldur erzählt, dass du Unangenehmes am besten verkraftest, wenn dein Erzeuger in der Nähe ist. Daraufhin hat er mich eingeladen, mit ihm nach Bayreuth zu kommen. Freust du dich? Klar freust du dich! Und jetzt geh und mach Liebe mit deinem Nordmann – ich will in Ruhe die US Open anschauen. Ach, du kannst mir vorher noch ein Bier bringen."

Ein Teil von mir möchte am liebsten beide Arme in die Höhe reißen, zum Himmel aufschauen und die Götter verfluchen. Der andere Teil ist ein Kind der Neuzeit und weiß, dass ein solcher Doppelschock zur Nacht nur nach einem verlangt: nach Alkohol. Nicht nach heiter prickelndem Champagner, sondern nach der Hammerfaust von etwas Hochprozentigem.

„Süße, bist du noch böse?", lispelt es von oben. „Hat dein Vater dir gut zugeredet?"

„Ja, alles okay", ruft Papa. „Wie ich immer sage: Das Leben geht weiter. Komm runter, wir schauen Tennis. Pauly holt uns Bier."

„Ich bin aber noch nicht fertig, ich habe Pauly noch mehr zu sagen", ruft Arni zurück. „Etwas Wichtiges!"

„Pauly muss das Ganze erstmal anverdauen. Ihr könnt morgen früh weiterreden", ruft Papa.

Man könnte meinen, ich sei gar nicht da.

Gleich darauf sitzen die drei Männer, die ich auf dieser Welt am meisten liebe, auf dem Sofa. Zwei von ihnen haben ihre Beine auf den Couchtisch gelegt, die Gürtel gelockert und trinken Bier. Der Dritte sitzt, frisch geweckt und von Arnaldur nach unten getragen, mittig zwischen ihnen und hechelt. Alle drei feuern Serena Williams an, die in Flushing Meadows gerade ihr Bestes gibt.

Wo war ich doch gleich? Ach ja: Hochprozentiges.

Bröcki hat immer einen Brandy dabei, aus notfallmedizinischen Gründen, aber der hat nur vierzig Prozent Alkohol. Der Absinth von Yves hat siebzig Prozent, wie ich weiß. Siebzig übertrumpft vierzig.

So, wie ich bin, im Negligé ohne Morgenmantel, husche ich über den Flur zu Yves' Zimmertür. Ich bin durchaus willens, ihn brutal aus dem Schlaf zu klopfen, aber das muss ich gar nicht. Als ich die Klinke nach unten drücke, stelle ich fest, dass die Tür unverschlossen ist. Das mag ich an der *Silbernen Traube*: Es gibt noch richtige Zimmerschlüssel und Türen, die nicht unöffenbar zufallen, sondern sich vom geschlossenen in den geöffneten Zustand überführen lassen, so sie nicht verriegelt sind.

Yves' Zimmer ist schmuck, aber klein. Und leer. Umso besser, denke ich, dann kann ich in Ruhe nach dem Absinth suchen.

Vermutlich flirtet Yves unten an der Rezeption mit der Nachtportierin. Ein ramponierter Knöchel hält den größten lebenden Frauenflüsterer vor dem Herrn nicht davon ab, seinem einzigen Hobby nachzugehen. Und das, was er für die Ausübung seines Hobby braucht, ist ja auch unversehrt ...

Ohne eine Spur von schlechtem Gewissen betrete ich sein Zimmer.

Auf den ersten Blick ist keine Flasche zu sehen. Die winzige – mit meiner nicht zu vergleichende – Küchenzeile, die zu seinem Zimmer gehört, ist ebenso flaschenlos wie der Nachttisch und das Badezimmer. Das sind die drei Orte, an denen er normalerweise seinen Alkohol bunkert.

Dann muss sich der Absinth in seinem Koffer befinden. Letzterer hat ein Sicherheitsschloss, aber nichts ist leichter zu knacken als der Code von Yves. Er nimmt grundsätzlich die 3112. Weil er an einem 31. Dezember sein allererstes Konzert als Countertenor gegeben hat. In einer Schulaula in Reims. Vor – großzügig geschätzt – fünfundzwanzig Zuhörern. Aber mit Konzerten ist es wie mit den Menschen, denen man seine Jungfräulichkeit geschenkt hat: Man vergisst sie nie.

Der Koffer schnappt auf, und ich sehe sofort die dunkelgrüne Absinth-Flasche. Was ich allerdings auch sofort sehe, ist ein kariertes Herrentaschentuch, das verrutscht, als ich nach der Flasche greife, und im Verrutschen seinen Inhalt freilegt.

Eine glitzernde Kette.

Mit einem voll fetten Diamanten in der Mitte!

Houston, wir haben ein Problem!

Von Langfingern und unerklärlichen Vorfällen
wie aus Akte X ...

„Wach auf, ich brauche dich!"

Es ist halb eins in der Nacht und ich hämmere wie eine Bekloppte an Bröckis Zimmertür.

„Jetzt mach sofort die Tür auf! Ich weiß, dass du noch nicht schläfst!"

„Ja, aber *ich* habe schon geschlafen!"

Die Stimme klingt erzürnt. Ich drehe mich um und meine, den distinguierten Herrn mit den angegrauten Schläfen gestern – pardon, vorgestern – Abend beim Empfang auf dem grünen Hügel gesehen zu haben. Da trug er allerdings keinen Hotelbademantel und sonst nichts – was man sieht, weil der Hotelbademantel zu klein für seine beeindruckende Statur ist und er sich nicht bündig über dem Bauch schließen lässt –, sondern einen Smoking. Aber heute wie vorgestern trägt er eine schwarze Hornbrille mit runden Gläsern, die seine Augen unnatürlich groß erscheinen lassen und den Gesamteindruck eines Insekts vermitteln.

„Verzeihung, habe ich Sie geweckt? Das tut mir furchtbar leid." Ich versuche es mit zerknirschtem Charme.

„Ja, Sie haben mich geweckt. Das sagte ich doch gerade! Sonst würde ich ja wohl kaum hier stehen", zetert er. Charme wirkt nicht bei Schlaftrunkenheit.

„Geht es auch etwas leiser?" Eine weitere Tür wird geöffnet. Von einer älteren Frau, Typ unverheiratete Physiklehrerin kurz vor der Pension. Adäquat verhüllt in Flanellpyjama und passendem Morgenmantel. Sie wirft dem Insekt einen indignierten Blick zu.

„Das war ich nicht, das war sie!" Er zeigt mit dem Finger auf mich. Physiklehrerinnen besitzen auch außer Dienst die Fähigkeit, selbst in Erwachsenen kleinkindliches Petzverhalten zu wecken.

Sie wendet sich mir zu, sagt nichts, hebt nur die Augenbrauen.

Vor dreißig Jahren hätte das bei mir funktioniert, jetzt pelle ich mir ein Ei drauf. Im Gegenteil, ihr vorwurfsvoller Blick stachelt mich noch weiter an.

Mit aller Wucht donnere ich meine Faust gegen Bröckis Zimmertür und lächele dabei maliziös.

„Bist du des Wahnsinns fette Beute?" Bröcki reißt die Tür auf und knufft mich schmerzhaft. „Was denkst du dir nur?

„Ist etwas passiert?" Der weibliche Nachtportier in der kleidsamen Hoteluniform kommt die Treppe hochgelaufen. „Ach, Sie sind es, Frau Miller."

Schlagartig wird mir bewusst, dass ich a) hier im Haus bekannt bin wie ein bunter Hund und dass sich b) im Zimmer hinter mir ein zweifellos illegal angeeigneter Riesendiamant befindet. Keine gute Ausgangslage, um einen nächtlichen Eklat anzuzetteln.

Ich channele die Rolle der Leonore aus Verdis *Il Trovatore*, die aus Liebe ins Kloster geht. Mit demütig gesenktem Blick rufe ich: „Es tut mir so unendlich leid, ein ... äh ... musikalischer Notfall. Ich brauche dringend die Hilfe meiner Agentin. Eine wichtige Frage zur Interpretation der Inszenierung. So kurz vor der Premiere, meine Nerven ... bitte, *bitte* verzeihen Sie mir." Ich ringe die Hände vor der Brust und hebe salbungsvoll den Blick.

Auf die Physiklehrerin hat diese dramatische Einlage keinerlei Wirkung – sie hat zweifellos schon mehr als genug ,Der Hund hat meine Hausaufgaben gefressen'-Geschichten aufgetischt bekommen –, aber das Insekt und die Nachtportierin schauen auf einmal sehr mitleidig.

„Ja natürlich, ein Notfall ist etwas anderes. Ich hoffe, Ihnen kann geholfen werden", sagt das Insekt und zieht sich in seinen Kokon zurück.

„Hauptsache, von jetzt an ist Ruhe", herrscht die Physiklehrerin und schließt ihre Tür. Ich bin fast sicher, dass sie dahinter stehen bleibt und lauscht.

„Wenn ich irgendetwas für Sie tun kann?", fragt die Nachtportierin.

Ich schüttele den Kopf. „Danke. Jetzt ist alles gut. Ich werde niemanden mehr stören."

Mit festem Griff packe ich Bröcki am Oberarm und ziehe sie in Yves' Zimmer.

„Aua, wirst du wohl loslassen!"

Ich mache die Tür zu und zeigefingere zu dem offenen Koffer in der Raummitte.

„Was ist? Hat Yves sich an den goldenen Löffeln des Hotels vergriffen? Hat er ein Saunatuch stibitzt? Hat er ...?"

Sie starrt in den Kofferschlund, der sich ihr weit offen präsentiert, und erstarrt.

Wortlos tauschen wir einen langen, sehr langen Blick aus.

„Ist es das, wonach es aussieht?" Bröcki flüstert, was sie sonst nie tut.

Ich zucke mit den Schultern und nicke.

„Wo ist Yves?"

Erneut zucke ich mit den Schultern.

Bröcki stemmt die Hände in die Hüften und schaut zur Zimmerdecke. „Warum, o Herr? Warum tust du mir das an?"

Der Herr da oben wird sie nicht hören können, sie flüstert nämlich immer noch. Im Angesicht eines

Schwerverbrechens redet man automatisch mit gesenkter Stimme.

„Was machen wir jetzt?", frage ich leise.

„Yves suchen! Vielleicht gibt es eine rationale Erklärung für ... das da." Wieder starrt Bröcki in den Koffer.

Ich bin vor Berufs wegen schon sehr phantasievoll, aber wie es dafür eine plausible Erklärung geben soll, die Yves nicht für fünfzehn Jahre hinter Gitter bringt, entzieht sich meiner Vorstellung.

„Sollen wir Papa und Arnaldur verständigen?"

„Bloß nicht. Die machen nur eine militärische Großoffensive daraus. Hier ist Fingerspitzengefühl gefragt."

Bröcki geht zum Kleiderschrank und öffnet die Tür.

„Hast du gedacht, Yves versteckt sich im Schrank?"

„Ich möchte nur alle Eventualitäten ausschließen."

„Hier im Zimmer ist er nicht. Ich habe mich schon umgesehen." Ich erkläre ihr nicht, dass ich das Zimmer nur durchsucht habe, um den Absinth zu finden. Das ist eine nicht relevante, nicht zielführende Nebensächlichkeit.

„Okay, wir bleiben ganz ruhig." Es ist nicht klar ersichtlich, ob Bröcki mich meint oder mit sich selber spricht. „Wo könnte Yves sein?"

Ich konstatiere das Offensichtliche. „Auf Diebestour irgendwo in Bayreuth?"

Bröcki öffnet den Mund, als wolle sie mir widersprechen, aber so unsinnig ist mein Einwurf gar nicht.

„Das sieht ihm doch überhaupt nicht ähnlich!" Sonst bin ich es immer, die an das Gute glauben will. Aber schon nach einem kurzen Moment des Zweifels ist Bröcki wieder ganz die Alte. „Nein, er muss in der Nähe sein. Mit seinem Knöchel kommt er nicht weit. Und an einen weiteren Einbruch ist schon gleich gar nicht zu denken."

Mir kommt ein Geistesblitz.

„Weißt du noch, was er zu Hause immer macht, wenn wieder eine seiner Kurzzeit-Freundinnen auftaucht und ihm mitteilt, dass sie schwanger ist?"

Bröcki strahlt auf. „Sein geheimer Zufluchtsort!"

„Den gibt es hier auch. Im ersten Stock, mitten im Flur!"

Lautlos öffne ich die Tür und linse hinaus. Niemand zu sehen, nichts zu hören. Bröcki schiebt sich an mir vorbei in den Flur, ich folge ihr, nur um gleich darauf wieder in Yves' Zimmer zu laufen und den berühmten Daw'aljarub in meine Morgenmanteltasche zu stecken. Und die Flasche Absinth mitzunehmen.

Die Treppenstufen knarzen unter unseren Füßen.

„Pst!", macht Bröcki.

„Selber pst!", zischele ich.

Die *Silberne Traube* ist ein Traditionshotel aus dem 16. Jahrhundert – und somit verwinkelt. Es ist ein erstklassiges Haus, in dem man nicht wohnt, sondern logiert. Wie in so vielen der wenigen privat geführten Domizile sucht man hier den Einheitscharme der Kettenhotels vergeblich. Alles ist ein wenig exzentrisch, etwa die Rokokokostüme der Kellner im Hotelrestaurant. Und der Flügel im Flur des ersten Stocks, zwischen Zimmer 2 und Zimmer 3. Wo, bitte schön, steht andernorts ein Flügel im Flur? Und wann kann man darauf spielen, ohne die Gäste zu stören?

Jetzt jedenfalls nicht.

Man kann sich aber unter den Flügel kauern – auf dem sich ein roter Läufer befindet und auf dem Läufer eine Vase mit einem üppigen Sommerstrauß –, ohne dass es jemanden stört. Es fällt womöglich auch gar nicht auf. So muss die Nachtportierin daran vorbeigelaufen sein, ohne zu sehen, dass Yves-Francois DuBois darunter kauert wie Harry Potter in seinem Schrank unter der Treppe bei Onkel und Tante Dursley. Weil, wer achtet schon auf das Darunter eines Flügels?

Ich find's schräg, aber verständlich: Die Musik gibt uns allen Trost, und ein Flügel verkörpert die Musik. Wenn ich so klein und handlich gebaut wäre wie Yves, würde ich womöglich auch des Öfteren unter einem Flügel Schutz suchen ...

Und gerade unter diesem lässt es sich aushalten: Man sitzt weich auf einem roten Perserteppich und langweilt sich nicht, weil man hört, was unten an der Rezeption geredet wird.

Bröcki und ich nehmen vor dem schwarzen Flügel Aufstellung.

Ich sehe mich um – keiner wach, alles schläft –, dann beuge ich mich vor, greife in meine Morgenmanteltasche und strecke Yves die Diamantkette entgegen.

„Kannst du uns das hier mal bitte erklären?!"

Yves in der Bredouille

Erklärbär – Papa, leihst du mir deine
Vermummungs-Ausrüstung?

„Ja, ich mache Fehler – das Leben kommt ja auch ohne Gebrauchsanweisung!"

Krisensitzung im Hause Miller.

Yves, den wir mit Gewalt unter dem Flügel hervorgezogen und zu meiner Suite gebracht haben – er auf einem Bein hüpfend und ununterbrochen „aua, aua, aua" jaulend –, steht wie ein begossener Pudel vor dem Fernsehapparat, der noch läuft, aber auf stumm geschaltet ist. Hinter ihm rückhandet sich Serena ihrem nächsten Sieg entgegen.

„Ehrlich, als ob man einen Sack Flöhe hütet. Jeden Tag eine neue Katastrophe!", beschwert sich Bröcki und setzt die mitgebrachte Flasche Absinth an die Lippen. Auch in Notsituationen denkt sie an das Wesentliche: *Alcohol first.*

Ich nehme ihr die Flasche ab und genehmige mir einen kräftigen Schluck.

„Was ist denn los?", fragt Papa.

Radames, der ein gutes Herz hat, läuft auf Yves zu und schleckt ihm den bandagierten Knöchel ab. Yves lässt sich auf den Boden fallen, nimmt meinen Hund auf den Schoß und streichelt ihn. Hundestreicheln hat erwiesenermaßen eine große therapeutische Wirkung. Ich lasse ihn also gewähren. Und nehme noch einen Schluck Absinth. Wirkt in Ermangelung eines Hundekörpers auch.

„Yves ist der Juwelendieb, der seit Jahren die Opernfestivals unsicher macht", erkläre ich und muss hicksen.

„Wie bitte? Aber nein! Ich habe nur ganz ausnahmsweise und zum allerersten Mal etwas mitgehen lassen!" Empört schaut Yves von unten zu mir auf.

„Du hast echt noch nie zuvor etwas gestohlen?" Ich bleibe skeptisch.

Er zuckt mit den Schultern. „Als Kind hin und wieder. Meistens Kaugummi. Oder auch mal eine CD. Aber das mit den Juwelen ... das war ich nicht."

„Das hier straft deine Worte Lügen!" Ich hebe die Kette hoch.

Der Diamant funkelt.

Arnaldur pfeift lautlos.

„Holla die Waldfee", ruft Papa. „Den Klunker kenne ich. Der war vorhin in den Nachrichten."

„Also gut ... schon ... aber nein ... so ist das doch gar nicht gewesen ... nur bedingt", jammert Yves unzusammenhängend. „Okay, ich habe eine Kette gestohlen, aber nicht die hier. Ich wiederhole: die hier *nicht*!"

„Was jetzt?", frage ich.

„Wie konntest du nur?!", verlangt Bröcki zu wissen. „Wieso, du Idiot, wieso?"

„Wovon sprechen wir hier eigentlich?" Papa versteht nur Bahnhof.

„Wieso, du Idiot?", wiederhole ich.

„Und vor allem: *wie*?", fragt Bröcki und will mir den Absinth abnehmen, aber ich strecke den Arm nach oben, und somit kommt sie nicht an die Flasche.

„Aber genau das ist es ja ... das war ich nicht! Ich habe den Daw'aljarub nicht gemopst!"

Wenn man von *mopsen* spricht anstatt von *stehlen*, klingt es gleich viel harmloser. Fast niedlich. Wie ein Kindergartenspiel. Nicht wie eine schwere Straftat. Spaß für die ganze Familie.

„Ich halte den Dawar ... Dawal ...den Dingelskirchen hier in meiner Hand! Und ich habe ihn in *deinem* Koffer gefunden! Willst du uns wirklich weismachen, dass du es nicht warst?"

Yves fängt an zu heulen.

Arnaldur, der Männer nicht weinen sehen kann, springt auf und läuft mit den Worten „Ich stell mal kurz mein Bier ab" zur Gästetoilette. Er ist noch gar nicht ganz drin, da torkelt er auch schon wieder heraus. Ich werfe ihm die Schachtel Streichhölzer zu, die ich vorsorglich bereitgelegt habe. Mein Papa ist ein großer Giftgaswolkenproduzent. Arni lächelt mich dankbar an und verschwindet auf dem Klo.

Bröcki hat Yves mittlerweile eines der Geschirr-spülhandtücher von der Küchenzeile zugeworfen.

Der schnäuzt sich. „Ehrlich, ich war das nicht! Ich versteh die Welt nicht mehr. Aber jetzt ist eh alles egal. Mein Leben ist gelaufen. Es ist aus. Vorbei. Ende." Seine Tränendrüsen sind kurz davor, wieder den Betrieb aufzunehmen.

„Jetzt gebt dem Kleinen doch was zu trinken!", schimpft Papa.

Schmollend reiche ich die Absinthflasche weiter. Ich bin Einzelkind, Einzelkinder teilen nicht gern. Andererseits ist es Yves' Flasche, an der ich mich ungefragt vergreife.

Apropos *ungefragt* und vergreifen.

„Also was nun? Hast du die Kette gestohlen oder nicht?"

„Nicht!"

Yves wischt sich mit dem Geschirrtuch großflächig das Gesicht ab.

Radames denkt, es handele sich um ein Spiel und schnappt nach dem Handtuch. Er bekommt es zu fassen und schüttelt es knurrend wild hin und her, als sei es ein Eichhörnchen, das er zu Tode schütteln will.

„Okay, ich erklär's euch." Yves nimmt Radames in den Arm, hievt sich und den Hund vom Boden hoch und setzt sich auf den einzigen noch freien Sessel.

Mein Arnaldur streckt den Kopf aus dem Klo, sieht, dass Yves nicht mehr flennt, kommt raus, setzt sich auf das Sofa und klopft auf den leeren Platz neben sich. „Setz dich zu mir", sagt er zu mir.

„Lass mich, ich bin sauer!"

„Komm schon, ich mach dich wieder süß!" Arnaldur formt die Lippen zum Kussmund.

Ich spüre, wie ich bei diesem Anblick dahinschmelze, aber dann fällt mir Perm wieder ein und mein Wohlwollen gefriert.

Ich wünschte, mein Herz wäre eine zweite Leber, damit ich sehr viel mehr trinken und sehr viel weniger fühlen könnte ...

Yves räuspert sich. „Ich brauche dringend Geld."

„Meine Güte, warum hast du nichts gesagt? Wir hätten dir das Geld geliehen." Bröcki knufft mich in die Lenden. „Flasche her!"

Ich nehme noch einen Schluck, schüttele mich und reiche ihr dann den Absinth. „Bröcki hat recht, du musst nur sagen, wie viel du brauchst."

„Sehr viel mehr, als ihr mir geben könnt." Yves zieht die Nase hoch.

Papa beugt sich vor und tätschelt ihm die Schulter.

Man sieht Arnaldur seine Furcht an, dass dieser Franzose jeden Moment wieder in Tränen ausbrechen könnte, was ihm total unbehaglich wäre. Andererseits ist seine Blase jetzt leer, und nur so im Klo herumstehen will er auch nicht. Also bleibt er sitzen.

Yves bleibt zum Glück trocken und erzählt weiter. „Mein Ältester will an einer Privatuniversität studieren. Er hat's echt drauf, und in Frankreich bringt man es nur zu was, wenn man eine Eliteschule besucht hat. Aber die sind irre teuer."

„Verzeihen Sie, Yves, aber ... Ihr Ältester ist schon so alt, dass er studieren möchte? Sie sind doch selbst kaum volljährig?" Papa staunt.

Papa weiß aber auch nicht, dass Yves für sein Alter sehr jugendlich aussieht. Und dass Yves sehr früh mit erfolgreicher Fortpflanzungsgymnastik angefangen hat. Rein rechnerisch muss das mit 14 Jahren gewesen sein.

Mittlerweile hat Yves eine beträchtliche Anzahl Kinder von einer ebenso beträchtlichen Anzahl Frauen. Über die genaue Zahl herrscht Unsicherheit. Ich persönlich weiß derzeit von fünf Bastarden, die Yves' Gene in sich tragen.

Dieser zart gebaute, feingliedrige Countertenor mit der unterirdischen Arbeitsmoral muss eine Frau nur ansehen und schon hat sie ihren Eisprung. Ich persönlich glaube ja, dass er gar nicht so fließbandartig herumvögelt – er flirtet nur gern –, aber statistisch gesehen führt offenbar jeder fünfte vollzogene Beischlaf zu einer Befruchtung, obwohl er schwört, immer zu verhüten. Yves' Spermien müssen allesamt mit kleinen Zähnen ausgestattet sein, mit denen sie sich sogar durch ein Kondom beißen können.

Man muss Yves zugutehalten, dass er sich um seinen Nachwuchs kümmert. Im Rahmen seiner Möglichkeiten. Viel Geld wächst nicht gerade rüber, aber immerhin, wenn eins der Bälger irgendwann mal eine Niere braucht, weiß es, wo es seinen Erzeuger finden kann.

„Valentine, seine Mutter, kann ihm das Studium nicht finanzieren. Und ein Stipendienprogramm gibt es für diese Privatuni nicht. Was blieb mir also übrig?"

Jeder normale Mensch hätte an einen Bankkredit gedacht, aber Yves ist ja kein normaler Mensch. Womöglich hat er einmal zu oft *Über den Dächern von Nizza* gesehen, mit Cary Grant als John Robie, dem eleganten Juwelendieb, und hielt deshalb Juwelendiebstahl für eine gute Idee. Ich hätte ihm die DVD damals nicht zum Geburtstag schenken dürfen.

„Du hast vorher wirklich noch nie Schmuck gestohlen?", fragt Bröcki.

„Nein, ich schwöre!" Yves schaut flehentlich.

Radames hat das Geschirrtuch mittlerweile zufriedenstellend gekillt und lässt sich erschöpft in Yves' Schoß fallen.

„Ich habe Hannelore neulich beim Friseur kennen gelernt – sie ist schon ein wenig älter, Witwe, aber noch total lebenslustig. Ihr gehört die Kette, auf die ich es abgesehen habe. Wir kamen ins Gespräch ..." Yves zuckt mit den Schultern. Es ist ein Automatismus: Wenn Yves mit einer Frau ins Gespräch kommt, muss er sie auch bespringen. Wobei klar gesagt werden sollte, dass die Frauen allesamt auch von ihm besprungen werden wollen. Ich war schon Augenzeugin, als ihn gierige Frauenhände in Hotelzimmer zogen. Er drängt sich nie auf. Das muss was Olfaktorisches sein – Hormone, Pheromone oder Eau de Cologne ...

„Wir waren ... äh ... bei ihr zu Hause. Ich habe die Kette gesehen – am Hals von so einer halben Schaufensterpuppe im Podest im Ankleidezimmer –, und da wusste ich sofort, das ist die Lösung. Hannelörchen wird die Kette nicht wirklich vermissen, und meinem Kleinen ermöglicht sie eine bessere Zukunft." Yves guckt trotzig. „Also bin ich bei ihr eingestiegen. War nicht weiter schwer – das Nachbargebäude ist eingerüstet und das Dachgarbenfenster kann man problemlos öffnen. Aber dann lief alles irgendwie schief ...“ Er schaut zu seinem bandagierten Fuß.

Bröcki schüttelt den Kopf. „Du bist zu blöd für Verhütung und Verbrechen!“

„Gar nicht! Ich war Turner in der französischen Nationalequipe. Ich kann das! Diese blöde Katze war schuld!“ Yves' Gesichtsausdruck ist eine abstrakte Mischung aus Trotz und Verzweiflung. Dann verstummt er und guckt nur noch trotzig.

„Katze. Schuld. Schief“, werfe ich ihm stichwortartig zu, damit die Platte wieder anspringt.

„Genau ... da war so eine blöde Katze. Ich bin doch allergisch! Außerdem hat sie sich hinterrücks angeschlichen und mich erschreckt, da bin ich gegen eine Rüstung gefallen und der Lärm hat Hannelore geweckt. Das hieß für mich: Nichts wie weg! Aber die Katze hat mich doch tatsächlich verfolgt. Ja, die hat mich sogar attackiert. Darum bin ich von der Leiter gefallen.“ Offenbar hat die Katze nicht begriffen, dass Tierschutz auch Menschenschutz meint. Oder so ähnlich.

„Sie wollen uns doch wohl nicht erzählen, dass einer der teuersten Diamanten der Welt einfach so im Schlafzimmer einer lüsternen Matrone herumliegt?“, fragt Papa. Es klingt verdächtig danach, als habe er soeben entschieden, wie er zukünftig sein Altersruhegeld aufzubessern gedenkt.

„Aber das versuche ich doch schon die ganze Zeit klarzumachen – ich habe den Daw'aljarub nicht gestohlen! Ich habe bei Hannelore eine Goldkette mit einem in Diamanten gefassten Rubinanhänger mitgehen lassen. Sie hat angedeutet, dass die Kette fast hundert-tausend Euro wert ist. Mehr nicht." Er schnieft wieder. „Aber als ich dann endlich hier im Hotel angekommen bin und meine Jackentasche leere, was sehe ich da? Den größten Diamanten, der mir je unter die Augen gekommen ist." Er jault auf. „Ich habe keine Ahnung, wie der in meine Jackentasche gekommen ist!"

„Die Kette, die du gestohlen hast, war weg, dafür hattest du plötzlich dieses Teil in der Tasche?", fasse ich zusammen. Ungläubig, wie ich gestehen muss.

„Im Radio haben sie gesagt, der Daw'aljarub gehört einem reichen Chinesen, dessen Wachpersonal mit Chloroform ausgeknockt wurde", erzählt Papa, der auch was beitragen will.

„Das war ich aber nicht!", insistiert Yves.

Tatsächlich kann ich mir einen einfachen Diebstahl bei Yves noch vorstellen, aber durchtrainierte Body-guards mit Chloroform zu betäuben? Eher nicht.

Bröcki ist gedanklich schon einen Schritt weiter. „Was hast du nach dem Einbruch gemacht?"

„Ich bin zum Hotel gehumpelt. Mein Fuß tat weh."

„Schon klar, aber was genau ist unterwegs passiert? In allen Einzelheiten!"

Yves legt die Stirn in Falten, wie immer, wenn er nachdenkt. Dass seine Stirn noch so jugendlich falten-los ist, liegt nicht an Botox, sondern daran, dass er so selten nachdenkt. „Ich bin in die Gasse eingebogen, in der das Antiquariat ist, dann ganz vor, dann nach links, dann an der Post vorbei und an dem Dinosaurier, und dann war ich ja schon am Hotel."

„Und dir ist kein einziger Mensch begegnet?"

„Doch, klar. Ein paar Fußgänger. Ich habe immer den Kopf gesenkt, um nicht aufzufallen. Ich bin an ei-nem Café vorbeigekommen, da saßen noch welche ...

und ... ja, jetzt fällt es mir wieder ein ... bei dem Brunnen hat mich einer angerempelt."

„Welchem Brunnen?"

„Gleich dem da vorn, auf dem Platz bei der Buchhandlung."

„Ah, der Reiterbrunnen auf dem Sternplatz zu Ehren des königlich-bayrischen Chevauleger-Regiments." Typisch Bröcki. Sie weiß die abgefahrensten Dinge, was gut ist. Die sie aber nie für sich behalten kann, was nervig ist.

„Der Brunnen ist doch egal. Wer hat dich angerempelt?"

„Ein Kerl. Keine Ahnung. Ich habe ihn nicht angeschaut."

„Hat er was gesagt?"

„Äh ... nein."

„Da muss es passiert sein." Bröcki verschränkt die Arme. „Das war der Austausch."

„Aber warum? Was hat sich der Dieb davon versprochen, den größten Coup des Jahrhunderts durch eine zwar wertvolle, aber nicht annähernd so profitable Beute zu ersetzen?" Arnaldur verbreitet Skepsis.

Weil ich immer noch sauer auf Arni bin, halte ich wacker dagegen. „Das ist doch jetzt irrelevant! Die Kette ist da, das Malheur ist passiert. Jetzt müssen wir zusehen, wie wir Yves aus diesem Schlamassel herausbekommen."

„Ich kann nicht ins Gefängnis. Ich bin zu schön. Der Knast wird für mich die Hölle!", jammert Yves. Gleich darauf reckt er das Kinn in die Höhe – wie die französische *Marianne*, fehlt nur noch, dass er sich das Hemd über der Brust aufreißt – und erklärt feierlich: „Aber lieber leide ich, als dass mein Sohn leidet! Ich mache die Kette zu Geld und hinterlege es in seinem Namen auf einer karibischen Bank."

„Bist du so dumm oder tust du nur so?", fragt Bröcki und hickst. „Wem willst du den Diamanten denn bitteschön verkaufen? Das Teil ist doch heiß! Einem arabischen Sammler? Wie willst du den finden? Über eine Internetsuchanzeige? Und ..."

„Bröcki hat recht", unterbreche ich, weil Yves das Wasser schon wieder in den Augen steht. „Du hast keine Möglichkeit, die Kette zu Geld zu machen. Es gibt für dich nur eine einzige Möglichkeit, ungeschoren aus dieser Lage zu kommen: Du musst die Kette zurückbringen. Und zwar gefälligst, bevor man ihre Spur bis zu meiner Hotelsuite zurückverfolgen kann!"

Yves stellt auf stur. „*Non!*"

„*Oui* – und zwar so was von *oui!*" Ich baue mich vor ihm auf.

Bröcki hickst.

„Da, da kommt es gerade!" Papa springt auf und zeigefingert zum Fernsehgerät.

Auf dem Bildschirm sieht man ein eingerüstetes Haus und ein paar Polizisten. „Wo ist die Fernbedienung? Ton!", ruft Papa.

Arnaldur richtet seinen ausgestreckten Arm in Richtung Fernsehgerät, über Yves' Kopf hinweg. Ich gehe mal davon aus, dass sich in seiner Pranke die Fernbedienung versteckt hat. Entweder das oder er hat magische Kräfte.

„... wo in der Nacht der sogenannte Daw'aljarub gestohlen wurde. Auf der Pressekonferenz am Nachmittag wurde bekannt gegeben, dass es sich um einen Einzeltäter handeln soll ..."

„Das ist das Gerüst, auf dem ich zum Dach hochgeklettert bin", kreischt Yves. „Aber ich bin nicht in das eingerüstete Haus eingestiegen. Hannelore wohnt daneben!"

„... der Daw'aljarub gehört zu den wertvollsten Diamanten der Welt und befindet sich im Besitz eines chinesischen Kunstmäzens, der derzeit in Bayreuth weilt. Zum Sport ..."

Arnaldur macht den Fernseher aus. Wir schauen alle zu Yves.

„Ich. Bin. Das. Nicht. Gewesen." Yves bleibt stur.

„Sollten wir die ganze Sache nicht eigentlich sofort der Polizei melden?", lispelt Arnaldur. „Wir machen uns doch mitschuldig."

„Nein!" Ich wirbele zu ihm herum. „Keine Polizei! Das fällt alles auf mich zurück."

„Pauly hat recht. Wir müssen das anders lösen." Bröcki nimmt noch einen Schluck Absinth. Für eine so kleine Person verträgt sie verdammt viel Alkohol.

„Genau!" Ich nicke. „Die Kette muss zurück zum Chinesen."

„Mit seinem verstauchten Knöchel kann Yves das doch gar nicht", wirft Papa ein.

„Stimmt. Und weil Yves das nicht kann, übernehmen Bröcki und ich. Statt *Drei Engel für Charlie* heißt es *Zwei Engel für Yves*." So bildreich drücke ich mich sonst nicht aus. Der Absinth ist offenbar auch an mir nicht spurlos vorübergegangen. Aber noch kann ich klar denken.

Die Männer starren mich mit offenen Mündern an. Bröcki rülpst und nickt. „Genau!"

„Das kann unmöglich dein Ernst sein." Arnaldur lacht auf.

„Und wieso nicht?"

„Na, schaut euch doch an ...", fängt er an.

Bröcki und ich starren ihn blinzellos an. Er wird unsicher.

Papa, der ein paar Jahrzehnte mehr Erfahrung mit Frauen hat, rückt von Arnaldur ab, um angesichts der zu erwartenden Zornesblitze nicht unversehens zum Kollateralschaden zu werden.

„Ja?", sagen Bröcki und ich auffordernd.

„... das ist doch viel zu ... äh ... gefährlich ..." Arnaldurs Stimme verliert sich.

„Es geht um meinen Ruf. Und darum, dass Yves nicht in den Knast kommt", sage ich. „Wir schaffen das."

„Und wie wir das s-schaffen", bestätigt Bröcki, die jetzt allerdings leicht lallt.

Und – zack! – ist es beschlossene Sache: Bröcki und ich werden den Daw'aljarub seinem Besitzer zurückbringen.

Zugegeben, ein gewagtes Unterfangen für eine mollige Wuchtbrumme und eine Kleinwüchsige, beide in höchstem Maße unsportlich. Aber wie dichtete schon Hölderlin? *Wo aber Gefahr ist, wächst das Rettende auch.*

„Du spinnst doch", sagt Arni. „Du bist von allen guten Geistern verlassen! Aus dir spricht der Absinth!"

Woraufhin er – zusammen mit Papa – die Nacht in Bröckis Zimmer verbringt, während die mittlerweile haltlos betrunkene Bröcki ihren Rausch auf meinem Sofa ausschläft.

Miller, Pauline Miller – in geheimer Mission

*Ausbaldowern für Anfänger – Hundefreundinnen
unter sich*

Manchmal hast du das Gefühl, die Liebe ruft dich an – aber dann hat sie sich doch nur wieder verwählt ...

Während ich Radames durch die Bayreuther Gassen Gassi führe – vermeintlich Gassi führe –, suhle ich mich in Selbstmitleid.

Ich hatte wirklich das Gefühl, mit meinem haarigen Isländer das große Los gezogen zu haben. Ein ebenso kultivierter wie wilder Kerl, der den Mumm hatte, mich zähmen zu wollen. Von der Sorte gibt es nicht viele.

Aber nun will mich mein Arnaldur verlassen, um im Land von Permafrost und Gulags den Eingeborenen klassische Musik näherzubringen.

Wir haben heute Morgen noch nicht miteinander geredet. Es gibt ja auch nichts mehr zu sagen. Er hat seine Entscheidung gefällt, ohne mich mit einzubeziehen oder vorab auch nur mit mir darüber zu reden. Das allein spricht doch Bände.

Jetzt ist es sieben Uhr früh und ich bin in geheimer Mission unterwegs.

Radames ist nur Tarnung, in Wirklichkeit will ich die beiden Gebäude auskundschaften, in denen die Geschmeide gestohlen wurden.

Der Weg vom Hotel zur Kirchgasse ist ein Katzensprung. Radames markiert den Dinosaurier, der auf das Urweltmuseum aufmerksam machen soll, die Regenrinne am Post-Gebäude, eins der beiden Fässer vor der Weinhandlung und eine Papiermülltonne vor einer erstaunlicherweise graffitilosen Häuserwand. Als ich sehe, dass heute Markt ist, erstehe ich im Wagen der Geseeser Landbäckerei – echtes Handwerk seit 1912 – noch rasch ein Plunderstück, das ich nicht mit Radames teile, obwohl er mich hungrig anschaut und jämmerlich jault, als würde er dauertiergequält und habe seit frühesten Welpentagen nichts mehr zu fressen bekommen.

Nur noch einmal links abbiegen, dann sind wir schon fast da.

Mit beinahe übermenschlicher Kraft stopfe ich meinen Liebeskummer in eines der hinteren Schubladenfächer meines Gehirns und konzentriere mich auf die anstehende Aufgabe.

Ausbaldowern!

Die erste Probe für heute ist für elf Uhr angesetzt, also habe ich alle Zeit der Welt, die örtlichen Gegebenheiten auszukundschaften. Ich werde auch sofort fündig. Yves hat mir ja freundlicherweise die genaue Adresse mitgeteilt.

Das Haus von Hannelore ist putzig und puppenstubenniedlich, aber leider in einem farbpsychologisch unklug gewählten Braunton gestrichen.

Das Nebenhaus strahlt eine ebenso freudlose Tristesse aus, aber offenbar wollen die Besitzer das ändern, denn das Haus ist eingerüstet, und ein Malereibetrieb wirbt auf einer am Gerüst befestigten Plane für Serviceleistungen im Bereich Fassadenverschönerung.

„Wie praktisch", murmelt es unwillkürlich aus mir heraus.

Ein vorbeiradelnder Bursche im Blaumann schaut zu mir und grinst. Offenbar fühlt er sich angesprochen.

Ich lächele unverbindlich.

Über das Gerüst kommen wir problemlos aufs Dach, denke ich, nunmehr lautlos, und die Dächer sind nur durch eine kleine Brandmauer getrennt. Das wird ein Kinderspiel.

Da geht die Haustür des eingerüsteten Hauses auf und eine Frau erscheint im Türrahmen.

„Los, pinkele", sage ich rasch zu Radames, der gelangweilt neben mir steht, anstatt mir Bein hebend ein Alibi zu geben.

Die Frau hat ungefähr mein Alter, ist aber nur halb so breit wie ich. Asiatinnen sind ja sehr oft zart gebaut. Dafür ist das Tier, das sie nun aus dem Haus führt, umso bulliger und größer. Auf den ersten Blick tippe ich auf eine züchterisch so nicht gewollte Verbindung zwischen einer englischen Bulldogge und einem Bernhardiner.

Schön geht wahrlich anders.

Radames nimmt Habt-Acht-Stellung ein, woraus ich schließe, dass dieser Quasimodo von einem Hund weiblichen Geschlechts sein muss. Das immerhin spricht für meinen allzeit fortpflanzungswilligen Liebling, dass äußere Schönheit für ihn keine Rolle spielt. Schwanzwedelnd läuft er auf das Objekt seiner Begierde zu.

Die Riesenhündin ignoriert ihn.

„Guten Morgen", sage ich. Nicht zur Bullhardinerin, sondern zu deren Frauchen.

Die Frau schaut mich aus reizenden Mandelaugen mit diesem weltweit einheitlichen leeren Blick an, der übersetzt so viel heißt wie: *Ich kenne dich nicht, und ich verstehe kein Wort.* Aber sie lächelt freundlich.

Ich zeige auf Radames und sage „Wuff" und gleich darauf die englische Version „Woof", weil ich ja dreisprachig aufgewachsen bin: deutsch, amerikanisch und Hund.

Ihr Blick bleibt freundlich, aber seine Aussage verwandelt sich nun in ein: *Was will diese Verrückte von mir?*

Als Schülerin habe ich mich immer gefragt, wie sich die Trojaner nach ihrer Vertreibung und der langen Flucht bei der Landung an der karthagenischen Küste mit den Karthagern verständigt haben. Schließlich war es der Erstkontakt zwischen den Völkern und es gab noch keine Dolmetscher. In diesem Moment wird mir klar: Man braucht niemanden, der übersetzt – wir sind alle Menschen und unsere Blicke sagen mehr als tausend Worte.

Den Blick des jungen Mannes, der jetzt hinter dem Bullhardinerfrauchen auftaucht, entschlüssele ich auch sofort ohne Hilfe. Eigentlich ist es mehr die steile Falte zwischen seinen Augen, die zu mir sagt: *Gehen Sie weg, wir wollen nicht von Ihnen belästigt werden.* Was ihn angeht, ist es ein Fall von Unsympathie auf den ersten Blick. Oder spätpubertäre Unleidlichkeit gemischt mit Verstopfung.

Jedenfalls hebe ich meinen Radames hoch, der sich zwischenzeitlich mit den Pfoten am Hinterteil der Hündin abgestützt hat, um besser schnüffeln zu können. Ich für meinen Teil bin der Natur sehr dankbar, dass wir Menschen bei der Erstbegegnung mit einem potenziellen Paarungspartner nicht am Hintern unseres Gegenübers schnuppern müssen ...

„Noch einen schönen Tag", sage ich zu der Frau und dem jungen Mann, der ihr Sohn sein könnte, es aber vermutlich nicht ist. Ich tippe auf zwei Angestellte des chinesischen Milliardärs, der das Haus entweder gekauft und für ein paar Wochen angemietet hat. Sie könnte die Köchin sein und er einer der Bodyguards. Oder er ist der Kammerdiener und sie ist der Bodyguard. Die drei – Frau, Mann, Hund – gehen weiter.

Ein Streifenwagen kommt angefahren. Die Beamten mustern mich.

Sofort legt sich mein innerer Schalter für Panik-Modus um. Ich hätte hier nicht stehen bleiben sollen. Bestimmt denken sie, dass ich die Diebin bin, die an den Tatort zurückgekehrt ist, um ein Foto vom Schauplatz ihres Triumphes zu schießen und auf Instagram zu posten!

Rasch drehe ich mich um und ...

... sehe *mich*!

Pauline Miller, gefeierte Opernsängerin, die Isolde in Bayreuth. In anthrazitgrauer Abendrobe. Nein, es ist nicht mein Spiegelbild im Schaufenster – ich trage heute Morgen einen rot-orange-gestreiften Onesie mit Schalkragen und weit ausgestellten Hosenbeinen –, sondern ein Plakat meiner Plattenfirma, auf dem ich für meine neue CD mit Arien von Purcell werbe. Klar starren mich die Polizisten an. Die überlegen sich gerade, ob sie mich im Dienst um ein Autogramm bitten dürfen! Oder ... na ja ... fragen sich, ob ich tatsächlich die Frau auf dem Plakat bin oder nur eine verblüffend ähnliche Doppelgängerin. Jedenfalls hat es nichts mit den Diebstählen zu tun.

Ich drehe mich wieder zu ihnen, lächele den Beamten betont offen und freundlich zu – die personifizierte Unschuld – und gehe weiter.

Radames strampelt sexuell unbefriedigt in meinen Armen, aber ich habe genug gesehen.

Heute Nacht ist es so weit – heute Nacht werden eine gefeierte Diva und ihre Agentin einen Einbruch begehen, um ein Unrecht zu berichtigen ...

... und unseren besten Freund davor zu bewahren, zum Toyboy eines aggressionsenthemmten osteuropäischen Türstehers zu werden, der wegen Totschlags zehn Jahre ohne Bewährung absitzt.

Die Katze fährt die Krallen aus

Begegnung mit dem echten Juwelendieb, Moment, mit ZWEI echten Juwelendieben! – Bröcki lernt fliegen

„Ich schwitze!"

„Du ziehst die Strumpfhose nicht aus!"

Bröcki und ich kauern keuchend hinter dem Mauervorsprung. Nur diese paar Ziegel, von bröselndem Mörtel zusammengehalten, bieten uns Sichtschutz, falls unten auf der Gasse wieder eine Streife patrouilliert.

Im Grunde war es fast zu einfach: Das Gerüst hat keinen Kletterschutz. Wir sind mühelos aufs Dach gekommen. Na ja, nicht wirklich mühelos.

„Du musst dir das echt nicht antun", habe ich unten in der Gasse noch geflüstert. Bröckis Kleinwüchsigkeit ist für unsere Patchworktruppe gelebte Normalität und fällt uns normalerweise nicht auf. Nur eben in Extremsituationen. Wie beim Gerüstklettern. Für den Sprossenabstand muss sie quasi in Spagat gehen.

„Ich kann dich das nicht allein durchziehen lassen", hat Bröcki geantwortet. „Es hängt zu viel davon ab, und allein vermasselst du es nur."

Bei mir sind nur Brustkorb und Sprechapparatur durchtrainiert, nicht die Beine, weswegen ich jetzt schon Muskelkater in den Oberschenkeln habe. Obwohl es gerade mal drei Stockwerke hochging.

Hier in der Gasse stehen die putzigen Barockhäuser alle dicht an dicht und die wenigen Zentimeter, die ein Dach vom nächsten trennen, wären selbst für ein Kleinkind, das gerade laufen gelernt hat, problemlos zu überwinden. Manche Dächer haben überhaupt keine Zwischenräume, so wie das eingerüstete Haus des Chinesen und das Haus von Hannelore Böhringer.

„Das Klettern hat mich angestrengt. Lass mich diese blöde Strumpfmaske absetzen. Es ist doch keiner da, der uns sehen kann!"

„Das weißt du nicht! Vielleicht sind irgendwo Überwachungskameras installiert. Reiche Menschen haben immer Überwachungskameras. Oder es springt plötzlich einer schlaflos aus dem Bett, schaut aus dem Fenster und sieht dich. Ich habe mir nicht die Finger für deine Karriere wund gearbeitet, nur damit du jetzt mit dieser Wahnsinnsaktion alles auf einen Streich zunichtemachst!"

Ich trage natürlich nicht irgendeine Drogeriestrumpfhose über dem Kopf, sondern die *Cilou Tights* von Wolford, eine zweifarbige Netzstrumpfhose de luxe in faszinierender Karo-Optik, deren Tragekomfort am Bein nicht zu toppen ist. Aber am Kopf sitzt sie dann doch etwas eng.

Eigentlich habe ich Papa gefragt, ob er seine Vermummungsausrüstung eingepackt hat. Mein Vater, mehr Alt-Hippie als politisch engagierter Achtundsechziger, geht hin und wieder noch zu Demonstrationen gegen rechts oder kettet sich vor herannahenden Zügen mit Nuklearmüll an Gleise oder befreit – dick vermummt – Käfighennen. „Nur um zu sehen, ob ich's noch kann", sagt er hinterher immer. Aber weil Arnaldur ihn so spontan eingeladen hat – warum eigentlich? Hat er sich beim Schlussmachen mit mir Rückendeckung erhofft, ausgerechnet von meinem Vater? –, war in seinem Koffer nichts weiter als Wechselunterwäsche, Zahnputzzeugs und eine Flasche Lagavulin Whisky.

Ich luge über die Mörtelmauer. Kein Mensch weit und breit. In den lauen Nächten vor der Festspielzeit liegen die braven Bürger von Bayreuth kurz vor drei Uhr nachts schön brav im Bett.

Bröcki neben mir schnauft. Es tut gut zu wissen, dass sie ausnahmsweise mal nicht wegen mir schnauft, sondern weil sie außer Puste ist.

Ich schleiche nicht oft über Häuserdächer, darum verwundert es mich, wie leicht begehbar es hier oben ist. Wie Yves sagte: ein Kinderspiel. „Vorsicht nur vor der Killerkatze!", hat er uns noch als Warnung mit auf den Weg gegeben.

„Na schön, dann nicht. Dann ersticke ich eben", keuche ich. Nicht nur die Strumpfhose über meinem Kopf sitzt etwas eng, der Hosenanzug, den ich trage, weil er das einzig Schwarze ist, das ich besitze, schnürt meine Leibesmitte ein und macht freies Atmen unmöglich. Ich finde aber, dass man als Einbrecherin, die über Dächer schleicht, definitiv Schwarz tragen muss, daher hatte ich bekleidungstechnisch keine andere Wahl. Der Hosenanzug und darunter ein dunkelgrauer Rolli – meine Moral und mein Rechtsempfinden habe ich möglicherweise für immer ad acta gelegt, aber mein modisches Bewusstsein nicht!

„Also weiter", keucht Bröcki.

Ich ziehe mein Handy aus der Hosentasche und tippe eine Kurzwahlnummer ein. „Nachtkrapp an Mastermind, Nachtkrapp an Mastermind, Operation Klunkerrückgabe ist angelaufen!"

Weil Bröcki noch am Schnaufen ist, kann sie mich nur vorwurfsvoll ansehen, obwohl sie mir sichtlich zu gern einen Vortrag über albernes Verhalten gehalten hätte. Mir egal, ich genieße dieses James-Bond-Feeling.

Mein Codename, den ich mir spontan ausgedacht habe, ist Nachtkrapp. Mastermind ist natürlich Yves.

„Wir sind jetzt auf dem Dach. Wie kommen wir ins Haus?" Das ist ja so spannend!

„*Pas d'problème* ... das Fenster der Dachgarbe von Hannelore kann man einfach hochschieben, es hat keinen Riegel."

„Hörst du dich eigentlich selber reden? Du weißt schon, was der Haken an deiner Antwort ist?"

Yves denkt nach. Man kann es förmlich rattern hören.

„Yves, verdammt! Wir wollen den Daw'aljarub zurückgeben. Im Nachbarhaus! Allein darum geht's doch!"

„Das weiß ich! Für wie blöd hältst du mich? Aber das Prinzip ist dasselbe", schmollt er.

Irgendwie bin ich davon ausgegangen, dass uns Yves – obwohl Ersttäter – durch seine Erfahrung als Einbrecher per Live-Schaltung genaue Anweisungen geben könnte, wie man in das Haus des Chinesen einsteigt und die Kette irgendwo deponiert, wo es so aussieht, als sei sie nur ... keine Ahnung ... nach dem letzten Tragen versehentlich falsch abgelegt worden.

Ich schaue zu Bröcki. „Ist das zu glauben?"

„Wo ist denn das Problem?", will Yves in seiner seligen Naivität wissen.

„Das Haus des Chinesen hat keine Dachgarbe!" Ich brülle es fast.

„Pst!", macht Bröcki.

Ich linse wieder über den Mauervorsprung, aber es ist keiner da.

„Also schön, nochmal von vorn. Wie kommen wir ins Haus?"

Keine Reaktion.

„Yves!"

„Redest du mit mir?"

„Mit wem denn sonst?"

„Mit Bröcki. Sonst hättest du mich doch mit Mastermind angesprochen."

Er kann von Glück sagen, dass er so weit weg ist. Vom Einbruch bis zum Totschlag im Affekt ist es kein großer Schritt, und ich bin sicher, dass ich mildernde Umstände zugesprochen bekommen würde.

Bröcki kichert.

„Jedes Haus muss ein Dachfenster haben", erkläre ich hitzig, „wie kommt sonst der Dachdecker zu den Schindeln?"

„Er baut ein Gerüst?" Bröcki atmet tief durch.

„Wenn ihr nicht durch ein Dachfenster einsteigen könnt, müsst ihr die Kette anders zurückgeben", räsoniert Yves.

„Sehr clever, Monsieur", spotte ich. „Und wie genau?"

„Könnt ihr sie nicht einfach in den Briefkasten werfen?"

Ich unterbreche die Verbindung und schiebe mein Handy zurück in die Hosentasche. Idiot!

„Schau mal ... da!" Bröcki ist zu dem schmalen Spalt gerobbt, der die beiden Häuser voneinander trennt.

„In unserem Zielobjekt steht ein Fenster offen." Sie zeigt auf ein offenes Fenster im Stock unter uns. „Und direkt gegenüber, im Haus dieser Hannelore, befindet sich ebenfalls ein Fenster. Tada!" Sie grinst triumphierend.

Offenbar reagiere ich ihr nicht schnell genug.

„Kapierst du es nicht? Wir steigen durch das Dachgarbenfenster bei dieser Hannelore ein, schleichen einen Stock tiefer, öffnen das Fenster, du kletterst hinüber und deponierst die Kette. Fertig."

Hm.

Im Grunde war die Idee mit dem Briefkasten doch gar nicht so dumm ...

Doch Bröcki ist schon auf den Beinen und schleicht über den schmalen Sims ungefähr zur Mitte des Daches, wo sich auf der anderen Seite die Dachgarbe befindet. „Kommst du jetzt oder was?"

Wenn's nach mir geht: oder was.

In der Sicherheit und Gemütlichkeit der eigenen Hotelsuite hehre Sprüche zu klopfen, von wegen einem gestrauchelten Freund in Not zu helfen und ihn vor dem Knast zu bewahren, ist leicht. Im Fronteinsatz sieht alles ganz anders aus. Vielleicht tun ihm ein paar ruhige Jahre in einer Einzelzelle ganz gut? Er könnte sein Repertoire erweitern.

„Hast du Angst, du könntest abrutschen und in dem schmalen Spalt zwischen den Häusern stecken bleiben?", lästert Bröcki. „Keine Sorge, wir gießen Salatöl über dich, dann flutschst du von ganz allein wieder raus."

Was sich liebt, das neckt sich. Aber manchmal klingt Bröcki schon sehr nach dem Hermännchen.

Na schön, es nützt ja nichts.

Ich versuche, meinen majestätischen Vollweibkörper – Arnaldurs Worte, nicht meine – hochzuhieven. Was nicht leicht ist, das Gerüstklettern hat mich ganz schön mitgenommen, meine Oberschenkelmuskeln krampfen. Als Opernsängerin muss man selbstverständlich eine gewisse Grunddurchtrainiertheit besitzen, sonst hält man keine Oper durch. Aber ich spüre deutlich, dass es ein Unterschied ist, ob man vier Stunden Wagner singt und dabei über die ebenerdige Bühne dampfwalzt, oder ob man ein Gerüst hochklettert und ohne Geländer über Mauersimse balanciert.

Bröcki – die Zurückhaltung predigt, aber forsches Durchgreifen lebt – packt mich an der Hand und zieht mich zu der Dachgarbe mit dem angeblich riegellosen Fenster.

Ich reibe mir die brennenden Oberschenkel.

„Yves hat recht, es ist offen." Bröcki stößt das Fenster auf und lugt hinein.

„Was siehst du?" Ich stelle mich hinter sie.

„Nichts. Es ist dunkel. Gib mir die Taschenlampe."

Wir hätten diese Aktion doch genauer durchsprechen sollen. „Äh ..."

Bröcki dreht sich um und starrt mich an. „Hast du keine Taschenlampe mitgenommen?"

„Siehst du etwa eine? Oder wo genau an meinem Körper habe ich sie deiner Meinung nach versteckt?"

Ehrlich, ich habe keine Ahnung, wie Räuberbanden funktionieren können. Aufgrund der Spannung kochen selbst kleine Emotionen sofort hoch. Wir bitchen uns an wie die Mitglieder einer Boyband.

Aber in Ausnahmesituationen wächst der Mensch bekanntlich über sich hinaus. Geniale Ideen flattern wie erschreckte Spatzen auf. Man muss nur zugreifen.

„Andererseits, wozu brauche ich eine Taschenlampe, wenn ich ein Handy mit Taschenlampenfunktion habe?" Ich bin sehr stolz darauf, dass mir das punktgenau eingefallen ist, und zücke mein Handy.

Bröcki durchschaut mich natürlich. „Glück gehabt. Nur mal so aus reiner Neugier gefragt: Hast du die Kette eingesteckt?"

Das ist eigentlich eine Frechheit sondergleichen und erfordert eine entrüstete Retourkutsche. Bevor ich jedoch gekränkt nicke, taste ich zur Sicherheit die Hosenanzugsjacke ab. „Selbstverständlich!", erkläre ich von oben herab und ziehe die Kette mit dem Daw'aljarub heraus. „Wofür hältst du mich?"

„Für jemanden, dessen Gedächtnis einem Schweizer Käse ähnelt – voller Löcher."

„Ich habe kein Emmentalergehirn!"

„Brechen wir jetzt ein oder klären wir erst die Besonderheiten deiner Anatomie?"

„Ja, meine Damen, brechen Sie jetzt ein oder möchten Sie sich erst in Doktorspielen ergehen?"

Bröcki und mir stockt der Atem.

Aus dem offenen Dachgarbenfenster klettert ein Mann. Klein und schmal wie ein Jockey. Im schwarzen Einteiler, aber ohne Strumpfmaske. Sein Gesicht ist ebenso durchschnittlich und unauffällig wie der ganze Mann. Die einzige Besonderheit an ihm ist die Katze, die sich in seine rechte Wade verkrallt hat. Ist die echt?

Bröcki findet als Erste ihre Stimme wieder. „Wer sind Sie und was machen Sie hier?"

Man muss diese Frau einfach bewundern. Wird in flagranti beim Einbrechen ertappt und bringt es dennoch fertig, glaubhaft gerechtfertigte Empörung auszustrahlen.

„Das könnte ich Sie fragen!"

„Ich habe aber zuerst gefragt!"

„Ich bin nicht derjenige, der ein geraubtes Schmuckstück in der Hand hält."

Er und Bröcki schauen zu mir. Die Katze faucht. Der Beinahe-Vollmond schickt – zweifellos absichtlich – einen Lichtstrahl, der exakt in diesem Moment auf den Diamanten fällt und ihn besonders funkelnd aufleuchten lässt.

„Bemerkenswert", sagt der Fremde. „Ist das nicht der berüchtigte Daw'aljarub, der gerade in aller Munde ist?"

„Steck das weg!", faucht Bröcki.

„Oh bitte, keine Umstände. Geben Sie die Kette einfach gleich mir." Der Mann schüttelt sein rechtes Bein, vermutlich, um die Katze loszuwerden. Oder das Bein ist ihm eingeschlafen. Oder er hat eine Beretta in seinen Sockenhalter geklemmt und will sie gleich zücken, um uns damit zu bedrohen. Meine Gedanken rasen.

„Warum sollten wir das tun?", fragt Bröcki.

„Damit ich Sie laufen lasse? Und den Mantel des Schweigens darüber breite, dass eine gefeierte Opernsängerin und ihre Agentin sich nächtens als Juwelendiebinnen betätigen?"

„Wir sind vermummt, Sie können uns gar nicht erkennen!", halte ich wacker dagegen.

Er lächelt. Breit. Sehr breit. „Glauben Sie allen Ernstes, man müsste Ihre Gesichter sehen, um Sie beide zu erkennen? Die formidable Diva und ihre wie ein siamesischer Zwilling an der Hüfte festgewachsene, kleinwüchsige Agentin?"

Bröcki und ich schauen uns an. Jetzt rächt es sich, dass wir wie Timon und Pumbaa aus *König der Löwen* aussehen. Unsere Körperformen verraten uns. Mist!

„In meiner Freizeit bin ich Opernliebhaber", fährt der Dieb fort. „Sie sind Pauline Miller und Anne-Sophie Mutter ... nein, warten Sie ... Ruth-Maria Kubitschek. Mann ... irgendwas Doppelvornamiges ... ich hab's gleich ... Moment ..."

Er starrt mit gerunzelter Stirn zum Sternenhimmel, als sei der Mann im Mond so eine Art Telefonjoker.

„Marie-Luise Bröckinger!", korrigiert Bröcki genervt und befiehlt: „Gib ihm die Kette. Es lohnt sich nicht, dafür zu sterben."

„Nicht so voreilig!", ruft er. „Ich bin kein Gewaltmensch!"

„Sie sind ein *Verbrecher*." Bröcki spuckt das Wort fast aus. Für sie sind die Begriffe austauschbar. Ihr Pittitatschi wäre stolz auf sie.

„Hören Sie, ich muss Ihnen etwas sagen ... aber erst geben Sie mir den Diamanten." Er guckt treuherzig.

„Gib ihm die Kette, los, gib ihm die Kette", wiederholt Bröcki gebetsmühlenartig. Das hat ihr zweifellos ihr Verlobter beigebracht: bei Konfrontationen mit Kriminellen immer nachgeben. Alles andere ist zu gefährlich.

Aber ich bin aus anderem Holz geschnitzt.

„Nein! Er kriegt den Diamanten nicht!" Ich stopfe die Kette wieder in die Tasche des Hosenanzugs. „Wer sind Sie überhaupt?"

„Hm, da Sie sich so unkooperativ zeigen, tut das nichts zur Sache." Er beugt sich vor und ich fürchte schon, er will uns wie ein Stier auf seine nicht vorhandenen Hörner nehmen oder uns zumindest wie ein Rammbock umstoßen, aber er packt nur mit beiden Händen die Katze und versucht, sie von seiner Wade zu zerren. Was ihm natürlich nicht gelingt.

„Gib ihm die Kette", verlangt Bröcki erneut. „Du wirst wegen dieser blöden Kette nicht deine Karriere aufs Spiel setzen."

„Ich weiß, wer Sie sind!" In dieser Sache ist das letzte Wort noch nicht gesprochen. „Sie sind der Juwelendieb, der seit Jahren bei Opernfestivals klammheimlich Preziosen abräumt! Sie sind John Robie in echt!"

Der Vergleich müsste ihm eigentlich schmeicheln, denn wie Cary Grant in *Über den Dächern von Nizza* sieht er definitiv nicht aus. Sein Gesicht ist dermaßen nullachtfünfzehn, dass ich mir nicht sicher bin, ob ich ihn bei einer Gegenüberstellung wiedererkennen würde. Oder ihm einem Polizeizeichner beschreiben könnte.

Wiewohl ich das Gefühl habe, dass ihn Michael Fassbender spielen müsste, sollte sein Leben jemals verfilmt werden.

Er richtet sich wieder auf, die Katze immer noch in seine Wade verkrallt, und lächelt. „Hören Sie, es ist mir vollkommen egal, warum Sie die Kette gemopst haben. Eine Mutprobe? Ein kleptomanischer Anfall? Kratzt mich nicht. Aber Sie müssen nicht davon leben, ich dagegen schon. Ich bin Berufsdieb. Und für die hier …“, er zieht ein paar Rubin-Ohrringe aus seiner Hosentasche, „… bekomme ich nur einen Bruchteil dessen, was der Daw'aljarub wert ist. Also seien Sie so freundlich und geben Sie mir jetzt die Kette. Dann können wir alle nach Hause gehen und bis ans Ende unserer Tage glücklich leben.“

„Wie jetzt? Sie sind wirklich der Juwelendieb?“ Bröcki mustert ihn skeptisch. „Sie sehen nicht wie einer aus.“

„Denken Sie sich die Katze weg“, rät er.

Eine Wolke schiebt sich vor den Mond, es wird kurz dunkel. In der Nähe schlägt eine Kirchturmuhr drei Mal.

„Einbrecher stelle ich mir abgebrühter vor“, erklärt Bröcki. Offenbar wähnt sie sich als Expertin, weil sie mit einem Kriminalkommissar verlobt ist.

„Ich bin ein Gentleman-Dieb alter Schule. Gewaltfrei und wohlerzogen. Ich bestehle ausnahmslos Leute, die den Verlust einiger Preziosen problemlos verschmerzen können, und nehme auch nie alles mit, immer nur ein paar ausgewählte Stücke.“

„Als Profi hätten Sie eigentlich mitbekommen müssen, dass bei Hannelore Böhringer gestern schon eingebrochen wurde.“

Er lächelt uns an, wie man einen Erstklässler anlächelt, der gerade erklärt hat, zweimal siebzehn sei zweiundvierzig. Die Antwort ist falsch, aber man freut sich über den Versuch und darüber, dass die Antwort relativ nah am korrekten Ergebnis liegt. Der Kleine hätte ja auch hundertundzwölf sagen können.

„Als Profi bin ich hier, eben weil ich mitbekommen habe, dass hier bereits gestern eingebrochen wurde. Ich hörte, dass nur eine einzige Kette gestohlen wurde. Darum konnte ich sicher sein, dass der Rest der Preziosen der Witwe Böhringer noch vor Ort ist. Und dass sie sich sicher wähnen würde, weil man ja denkt, der Blitz schlägt nie zweimal an derselben Stelle ein. Was er im Übrigen tut. Und zwar gar nicht so selten." Er kratzt sich am Kinn. Man hört ein leises, schabendes Geräusch. „Und darf ich Sie darauf aufmerksam machen, dass Sie kurz davor waren, den Diamanten ins falsche Haus zurückzubringen?"

„Wir wissen, was wir tun!", erklärt Bröcki, die es nicht erträgt, wenn man ihre Kompetenz in Frage stellt.

„Aber natürlich", ruft er rasch. „Ich wollte auf gar keinen Fall an Ihnen zweifeln." Er zwinkert ihr zu.

Alles in allem wirkt er wie ein Lausejunge, nicht wie ein Verbrecher. Ich bin geneigt, ihn für keinen ganz schlechten Menschen zu halten. Die Katze miaut, zieht ihre Krallen aus seiner Wade, baut sich zwischen seinen Beinen auf, macht einen Buckel und schubbert sich an ihm. Sie mag ihn offenbar. Und wer von Tieren geliebt wird, muss einen guten Kern haben.

„Ich bin wie Robin Hood", meint er. „Ich nehme von den Reichen und gebe den Armen."

„Welchen Armen geben Sie denn?", fragt Bröcki skeptisch.

„Mir. Ich bin arm!" Er schaut treuherzig. Fast möchte ich lächeln.

„Also gut", sage ich. „Sie kriegen die Kette. Wenn Sie versprechen, eine Spur zu legen, die unseren Freund entlastet. Hauptsache, wir sind das Ding los." Ich ziehe die Kette wieder aus der Tasche.

„Nicht so schnell!"

Die Stimme gehört nicht zu Bröcki. Kurz bin ich verwirrt und schaue zur Katze. Aber die war es auch nicht.

Der Juwelendieb vor uns hebt die Hände. Sein lässiges Lächeln hat sich in Luft aufgelöst.

Langsam drehen Bröcki und ich uns um. Hinter uns steht ein Mann, an dem alles schmächtig ist bis auf die Waffe in seiner Hand. Die ist mächtig. Und hat einen Schalldämpfer.

„Kette her!", sagt er. „Und ja, bitte, machen Sie dabei eine falsche Bewegung. Ich würde Sie zu gern erschießen."

Ich will schlucken, aber mein Mund ist schlagartig völlig ausgetrocknet. Vorsichtig strecke ich den Arm mit der Kette aus.

Der Mond kommt wieder hinter der Wolke hervor. Jetzt können wir den Bewaffneten besser sehen, aber wegen der Skimaske auf seinem Kopf nicht erkennen. Er kommt zwei Schritte auf mich zu und streckt die Hand aus, um mir die Kette abzunehmen. An der Hand fehlt der Ringfinger. Auf was für Details man in solchen Momenten noch achtet, schon erstaunlich.

Aber noch bevor sich der Bewaffnete die Kette krallen kann, höre ich hinter mir eine Abfolge von Geräuschen.

Auf Nachfrage hätte ich in diesem Moment nicht sagen können, was genau ich gehört habe, aber gleich darauf erschließt es sich mir, einfach weil die Umstände für sich sprechen.

Der Juwelendieb muss die sich ihm bietende Gelegenheit – als der Bewaffnete sich auf mich und den Diamanten in meiner Hand konzentrierte – genutzt haben, um sich blitzschnell zu bücken und die Katze hochzuheben. Um sie gleich darauf nach vorn zu schleudern, wie ein Handballer, der den siegreichen Ball ins Tor donnert.

Jedenfalls fliegt die Katze urplötzlich an mir vorbei und landet voll im Gesicht des fiesen Knarrenträgers. Der schreit auf, als sich ihre Krallen durch seine Skimaske bohren. Auch die Katze maunzt, aber offenbar nicht vor Schmerz, sondern vor Empörung.

„Lauft!", ruft der Juwelendieb und hechtet wie ein Hochspringer rückwärts über die Dachgarbe. Gleich darauf ist er verschwunden.

Bröcki und ich sehen uns an. Dann laufen wir los. Vorbei am Bewaffneten – der wie wild am Niesen ist –, über die Balustrade und zum Gerüst.

Erstaunlich, wie agil man sein kann, wenn man um sein Leben rennt. Ich packe die Leiter und gleite in einer fließenden Bewegung einen Stock tiefer.

Bröcki immer dicht hinter mir. Genauer gesagt, über mir.

Die Katze löst sich vom Kopf des immer noch niesenden Skimaskenmannes und springt durch das offene Dachgarbenfenster in Sicherheit. Man hört sie von drinnen miauen. Das ist tröstlich, weil ich eine Sekunde lang befürchtet habe, der Bewaffnete könnte sie aus Rache erschießen.

Aber er hat andere Pläne.

Er will vier Beine plattmachen, das schon, aber nicht auf einen Streich, sondern in Raten – indem er zwei Zweibeiner erledigt. Man hört ihn über den Dachsims humpeln, wobei er leise flucht.

Bröcki über mir flucht auch. Runterzus ist es für sie leichter als hochzus – sie hüpft einfach von Sprosse zu Sprosse.

Wir sind schon fast unten.

Plötzlich ein Lufthauch.

Erst denke ich, das Holz am Gerüst splittert, weil ich zu viel wiege und die Bretter unter meinem Gewicht bersten. Als Frau und Bühnenkünstlerin ist man einfach hypersensibel, was das eigene Gewicht angeht.

Dann schaue ich aber nach oben, sehe den Kerl mit der Skimaske, wie er sich in die Öffnung für die Leiter beugt und die Waffe mit dem Schalldämpfer auf uns richtet.

Und schießt!

Wenn's dicke kommt, kommt's immer gleich ganz fett

Mit Schrot im Po und Tränen in den Augen

Wie ich so auf dem Bayreuther Pflaster liege und sich die Blutlache um mich herum immer weiter ausbreitet, denke ich, dass ich dringend mehr Sport treiben sollte. Wenn ich mal ermordet werde, wird sonst nämlich der Kreideumriss meines Körpers ein Kreis sein. Zwar kein perfekter Kreis wie vom mittelalterlichen Künstler Giotto freihändig mit dem Pinsel an die Wand gemalt, aber dennoch ein Kreis.

Heute bin ich allerdings noch nicht tot.

Das Blut gehört Bröcki.

„Lebst? Du? Noch?", frage ich abgehackt und relativ hoffnungsvoll im Hinblick auf eine positive Antwort, weil sie nämlich wütend mit den Beinen strampelt.

Bröcki hat mich im Fallen von den Sprossen der Leiter gerissen und gemeinsam sind wir in die Tiefe gestürzt. Gott sei Dank waren es die untersten Sprossen. Und die ‚Tiefe' betrug in unserem Fall ungefähr fünfzig Zentimeter. Bröcki ist auf mir gelandet, nicht ich auf ihr, was angesichts unserer Gewichtsverteilung wohl als Positivum zu vermerken ist.

Den Schuss habe ich nicht gehört. Ich habe nur gesehen, wie Bröcki fiel.

„Verdammte Kacke!", flucht sie und rappelt sich hoch.

Ich bleibe noch liegen. Schnappatmend.

„Der Scheißkerl hat mich erwischt!" Bröcki schiebt die Strumpfmaske nach oben. Sie blutet scheinbar aus einer Kopfwunde. Und zwar profus. Wenn Blutphobiker Kilian Kirchbichler jetzt hier wäre, würde er nicht nur in Ohnmacht fallen, sondern vollends schockinfarkten.

Ich richte mich auf die Ellbogen auf. „Oh Gott, Bröcki ...“

„Nicht weiter schlimm. Ich glaube, er hat nur mein Ohrläppchen erwischt. Und jetzt hoch mit dir. Wir müssen von hier weg!“

Sie schaut nach oben, aber der Skimaskenmann ist nicht mehr zu sehen. Man hört nur noch ein fernes Dauerniesen.

Ich setze mich auf und klopfe mir den Staub vom Hosenanzug.

Plötzlich fällt ein Lichtschein in die Gasse. Der Skimaskenmann mag sich verdünnisiert haben, aber dafür reißt zwei Häuser weiter jemand ein Fenster auf.

Wir schauen hinüber. Es ist das Haus der Witwe Böhringer.

In diesem Moment schwingt sich unser Gentleman-Dieb gekonnt aus dem Fenster und landet lautlos mit den Füßen auf dem Pflaster. Er richtet sich auf, sieht uns, salutiert mit einem breiten Grinsen und hechtet davon.

Gleich darauf erscheint der gedrungene Umriss einer bulligen Frau mit Lockenwicklern in den Haaren im offenen Fenster. Sie hält ein Gewehr in der Hand.

„Saubande, dreckige!“, brüllt sie. „Habt ihr mich nicht schon genug ausgenommen? Na wartet, ihr Lumpen! Mein Mann, der Josef, hat immer gesagt: Auge um Auge und Zahn um Zahn!“ Sie legt an ...

... und schießt.

Wir kreischen auf – wie die Mädels, die wir sind.

Bröcki noch einen Tick lauter als ich. Das hat seinen Grund. Kaum zu glauben, wo ich doch ein so viel breiteres Ziel abgebe als meine Freundin und Agentin, aber es hat tatsächlich auch dieses Mal sie erwischt.

Schrotkugeln!

Allerdings durchsieben die Schrotkugeln nicht – wie im Bibelzitat des (nicht so lieben) Verstorbenen – den Bereich von Augen und Zähnen, sondern den Podex.

Weil die Bullige, die sich ihren Frust aus voller Lunge aus dem Leib brüllt, noch einmal anlegt und mit einem lauten Knall auf uns schießt, gehen überall in der Gasse die Lichter an und Fenster werden aufgerissen.

Ich laufe los und zerre die kreischende Bröcki hinter mir her. Wir biegen um die nächstbeste Ecke. Jetzt kann uns wenigstens keiner mehr sehen und später der Polizei körperformgenaue Täterbeschreibungen geben.

Ich zerre weiter, doch schon an der nächsten Ecke gibt Bröcki auf. „Ich kann nicht mehr. Lass mich zurück."

„Niemals!" *Semper fi*, wie es bei den US-Marines heißt, die auch nie einen der ihren zurücklassen – komme, was da wolle.

Ich schaue mich um. „Da vorn ist eine Hauptstraße. Komm. Das schaffst du noch!"

Die Schicksalsgöttinnen haben Erbarmen und lassen ein freies Taxi exakt in dem Moment vorbeifahren, in dem wir die Straße erreichen — mit letzter Kraft. Bröcki wohl wegen des Blutverlustes und ich, weil ich sie mehr getragen als gezogen habe.

Ich winke und das Taxi fährt rechts ran.

Ein Blick des Fahrers auf die immer noch blutende Kopfwunde von Bröcki, und er schüttelt den Kopf. „Du kommen hier nicht rein."

„Das ist Diskriminierung Kleinwüchsiger", sage ich streng. „Das kostet Sie Ihre Lizenz."

„Du zahlen mir neues Polster, wenn Kleine hier mir bluten Wagen voll?"

Es heißt ja immer, Geld macht nicht glücklich, aber wenn man dringend ein Taxi braucht, obwohl man hektoliterweise Körperflüssigkeiten leckt, dann ist es schon ganz hilfreich, mal eben so zwei Hunderter aus dem Bügel-BH ziehen zu können. Und als Jetsetterin habe ich grundsätzlich immer ein paar Scheine für Notfälle dabei.

Der Taxifahrer hält die Scheine gegen das Wagenlicht, vermutlich um ihre Echtheit zu prüfen, dann nickt er und steckt sie ein.

„Wie jetzt? Ich kriege nichts mehr raus?"

„Ich haben schon Trinkgeld mit kalkuliert ein." Er grinst. „Was jetzt? Ihr wollen mit oder nicht?"

Bröckis Hintern ist von Schrot durchsiebt, sie kann folglich nicht sitzen. Bäuchlings robbt sie auf die Rückbank.

Ich setze mich nach vorn. „Zum nächstliegenden Krankenhaus", sage ich zum Fahrer.

„Nein, das geht nicht!", ruft Bröcki von der Rückbank. „Wir können nicht ins Krankenhaus ... du weißt, warum nicht!"

„Du brauchst fachkundige Hilfe!", halte ich dagegen.

Bröcki räuspert sich, wackelt mit den Augenbrauen, schaut bedeutungsschwanger zum Fahrer und räuspert sich erneut. „Nein, ähem, brauche ich nicht! Denk doch mal nach!"

„Ich will, dass du in gute Hände kommst!" Warum ziert sie sich so?

„Deine Freundin dir will sagen, dass Ärzte mussen rufen Polizei bei Schusswunde", wirft der Taxler hilfreich ein.

Bröcki und ich schweigen.

„Kenn ich mich aus. Hab ich Freund, dem ist das passiert auch." Der Taxifahrer guckt, als sei ihm nichts Menschliches fremd.

„Und was hat Ihr Freund ... äh ... getan?", will Bröcki wissen.

„Mussen du Schusswunde tarnen", rät der Taxifahrer.

„Sie hat doch bestimmt eine Million Schrotlöcher im Hintern", werfe ich ein. „Wie soll sie die denn bitte schön tarnen?"

„Schrot sein nicht Problem." Unser Fahrer weiß Bescheid. Zumindest klingt er wie ein Experte auf dem Gebiet der Schussverletzungen. „Nur richtig Kugel."

Ich mustere Bröckis wild blutendes Ohr. „Kann man an diesem Fleischfetzen erkennen, dass eine Kugel daran schuld ist?"

Der Taxifahrer schaut in den Rückspiegel. „Ja. Ich sogar sehen von hier vorne. Und rieche Schmauchspuren."

„Na, dann weiß ich, was ich tun muss", erklärt Bröcki seelenruhig, aber mit einem Timbre, das Schlimmes vermuten lässt.

Ich schaue zu meiner Agentenfreundin nach hinten und sehe gerade noch, wie sich Bröcki mit Schmackes den Ohrring aus dem Ohr reißt, das von der Kugel gestreift wurde. Manchmal ist mir die Frau unheimlich! Ohne mit der Wimper zu zucken, erklärt sie: „Voilà ... ich habe mir beim Ausziehen versehentlich den Ohrring ausgerissen, deswegen die Wunde. Und weil ich Raucherin bin, rieche ich verbrannt." Sie pfriemelt ein Päckchen Zigaretten aus ihrem Bauchbeutel.

„Ist Nichtrauchertaxi!", erklärt der Taxifahrer kategorisch.

„Hören Sie mal, das muss bei dem Preis ja wohl mit drin sein!"

„Nix." Der Taxifahrer kennt kein Pardon. „Blut, das ich könne bleichen. Gestank sich fressen in Ritzen und gehen nie mehr weg. Ich verlieren Kundschaft."

Wir halten vor der Notaufnahme.

„Viele Gluck!", wünscht uns der Taxifahrer. „Und, meine Damen, ich wurde noch verstecken Kette. Ist kostenloser Rat von mir an euch."

Er schaut auf meine Hosentasche, aus der doch tatsächlich ein Stück der Kette lugt.

Guter Mann! Ich schiebe ihm noch einen Fünfziger extra zu. Mein BH ist jetzt zwar leer, aber mein Ruf ist gerettet.

Bröcki wird zusehends blasser. Irgendwann ist auch bei Powerzwergen die Luft raus.

„Hilfe", rufe ich, als wir die Lobby des Klinikums Bayreuth betreten. „Wir brauchen Hilfe!"

Eine Schwester kommt auf uns zu und fackelt nicht lange, als sie die über und über vollgeblutete Bröcki sieht. Sie verständigt einen großgewachsenen Mann in Weiß.

Nach kurzer Untersuchung stellt der seine Diagnose. „Gar kein Problem. Das Ohr wird genäht, dann pulen wir die Schrotkugeln aus Ihrem Hintern, und schon sind Sie wieder wie neu."

„Sie sehen sehr jung aus für einen Arzt." Mit Argusaugen habe ich seine Untersuchung beobachtet. Jetzt mustere ich ihn streng.

„Ich bin jung, aber gut", sagt er.

Nicht die Art von flapsiger Erwiderung, die man von einem Burschen hören will, der gleich die beste Freundin und Agentin von allen aufschneiden wird. Ja klar, theoretisch weiß man, dass auch Chirurgen üben müssen. An lebenden Patienten. Aber man hofft doch immer, sie üben nicht an Menschen, die man liebt, sondern an irgendwelchen hirnlosen Neonazi-Nasen, die ihre Hunde quälen.

„Ich erledige das ambulant. Sie möchten sicher draußen warten."

„Nein, möchte sie nicht." Bröcki grabscht nach meiner Hand.

Es ist verwirrend, wenn der ruhige Pol in meinem Leben, dieser menschliche Fels von Gibraltar, plötzlich selbst verunsichert und ängstlich wirkt. Ich bin durch und durch erschüttert. Eine innere Kontinentalplattenverschiebung. So stelle ich mir ein Erdbeben der Stärke neun auf der Richterskala vor. Verstört tätschele ich Bröckis Rechte.

„Ich lege nur kurz einen Mundschutz an und bin sofort wieder da!", rufe ich panisch und laufe aus dem Untersuchungszimmer.

„Pauline!", jammert Bröcki.

Auch der Bub im Ärztekittel ruft mir etwas nach – mir ist, als rufe er, dass ich gar keinen Mundschutz brauche, es sei ja schließlich keine Operation am offenen Herzen –, aber da stehe ich schon im Flur und fische mein Handy aus der Hose. Dann fällt mir ein, dass man ja in Krankenhäusern nicht mit Mobilgeräten telefonieren darf, vermutlich weil das Funksignal wie ein Störsender auf lebensrettende Maschinen wirkt.

Hilflos halte ich Ausschau nach so was wie einem öffentlichen Münzfernsprecher. Gibt es die überhaupt noch?

„WLAN kostet fünf Euro die Stunde, das Passwort bekommen Sie bei mir", ruft mir die aufmerksame Schwester zu, die den Empfang der Notaufnahme managt.

So schnell geht das: Nur einmal nicht hingesehen, schon wurde aus dem rigorosen Handyverbot eine Krankenhaus-Einnahmequelle.

„Kommissar Pittertatscher, bitte", verlange ich, als mich die Auslandstelefonauskunft mit der Zentrale der Bundespolizei in Salzburg verbunden hat.

Es ist halb vier in der Nacht. Ich weiß, dass Öster-reich nicht in einer anderen Zeitzone liegt als Bayreuth. Aber ich weiß auch, dass Pittertatscher diese Woche Nachtdienst schieben muss. An sein Handy geht er womöglich nicht, wenn er sich gerade eine Hochge-schwindigkeitsverfolgungsjagd mit einem in flagranti ertappten Schwerstkriminellen liefert. Aber in seinem Büro erreiche ich auf jeden Fall jemanden – wenn nicht ihn, dann einen Wachhabenden, der ihm eine Nach-richt übermitteln kann.

Ich stelle mich in die hinterste Ecke des Notaufnah-mewartesaales, in der mich der Besitzer einer offenbar gebrochenen Nase, der Typ mit der kanariengelben Ge-sichtsfarbe und die Frau, die sich rhythmisch in einen Eimer erbricht, mit etwas Glück nicht hören können.

„Hier P...", höre ich eine männliche Stimme, die ich sofort zuordnen kann.

„Bröcki wurde angeschossen", unterbreche ich rüde.

„Waaas?!"

„Kannst du sofort herkommen?"

„Sofort? Ist es so schlimm?"

Ich schluchze auf.

„Oh Gott, sie stirbt. Mein Liebling stirbt!"

Ich nehme mir vor, mich etwas diplomatischer aus-zudrücken, wenn ich das nächste Mal eine schlechte Nachricht am Telefon überbringe. Und weniger zu schluchzen.

„Äh ... sie stirbt nicht, höchstens an Krankenhauskei-men. Es sind nur Schrotkugeln. In ihrem verlängerten Rücken."

„Wie jetzt?"

„Sie hat Schrot im Po, es geht nicht um Leben und Tod. Du sollst ihr nur die Hand halten, damit ich es nicht tun muss. Ich habe hier eine andere Krisensituation, die ich ... lösen muss." Ich kann ihm nicht sagen, dass es mich zerreißt, Bröcki so verletzlich zu sehen. Mir fehlt die Kraft, Stärke für zwei zu zeigen. Das ertrage ich nicht. Er erträgt das – er gehört einem kernigen Gebirgsvolk an!

Ich höre, wie Kommissar Laurenz Pittertatscher, der Verlobte meiner lieben Marie-Luise Bröckinger, am anderen Ende der Leitung mehrfach tief ein- und ausatmet. Dieses Atmen kenne ich. Das ist nicht das Atmen der Sorge, sondern der hochgradigen Genervtheit. Begegnet mir des Öfteren. Pittertatscher ist ein bodenständiger Normalo, dem der Umgang mit einer kapriziösen Künstlerin wie mir, die ihren Kopf gern mal in den Wolken hat, häufig schwerfällt. „Ich skype dich gleich vom Handy aus an", sagt er und legt auf.

Ein Mann, ein Wort – gleich darauf gibt mein Mobilgerät ein Blubbern von sich und ich sehe Pittertatschers übernächtigtes Gesicht. Als ich ihn das letzte Mal mit einem derart ernsten Gesichtsausdruck sah, glaubte er, ich hätte in seiner Heimatstadt während der Salzburger Festspiele drei meiner Kollegen vom Opernhaus heimtückisch ermordet. Aber das ist eine andere Geschichte ...

„Was ist passiert?", fragt er.

„Das ist doch jetzt nicht wichtig", schmettere ich seine durchaus berechtigte Frage ab. „Sie braucht dich, kannst du kommen? Ich schaff das nicht allein."

„Ich will sie sehen", verlangt er.

Wie einen zu klein geratenen Brustpanzer halte ich mir mein Handy vor den Körper und kehre in den Untersuchungsraum zurück.

Der minderjährige Mediziner, der im Übrigen kein bisschen aussieht wie George Clooney in *Emergency Room* oder McDreamy in *Grey's Anatomy*, sondern eher wie das Kind der Liebe von Mario Barth und Atze Schröder, beugt sich gerade über den entblößten Allerwertesten von Bröcki und pult mit einer Pinzette runde Schrotkörner aus der linken Hinterbacke.

Ich trete näher, um mit der Rechten Bröckis Hand zu halten und ihr zu versichern, dass sie nicht allein ist, während ich bemüht bin, mit der Handykamera in der Linken möglichst alle Details einzufangen.

Sie brummt ungnädig. „Der einzige Trost in dieser entwürdigenden Lage ist, dass mich mein Pittitatschi so nicht sehen kann", sagt sie, weil ich von hinten an sie herangetreten bin und sie das Handy vor meinem Busen nicht sehen kann.

Ähem ...

Unauffällig lasse ich mein Handy in meine Hosentasche gleiten.

Mir ist aber so, als könnte ich Pittertatscher lachen hören ...

J'accüse!

„Jetzt beruhige dich erstmal!"

In der Geschichte der Menschheit ist noch nie, wirklich *nie* jemand ruhiger geworden, weil irgendein anderer zu ihm sagte, er solle sich beruhigen. Folglich trifft das auch auf mich zu.

„Wie, bitte schön, soll ich mich beruhigen, wenn man mich verdächtigt, die Juwelendiebin zu sein?!" Ich tigere im Salon meiner Suite auf und ab und presse Radames an meine Brust, die sich empört hebt und senkt.

Papa hebt beide Arme, resigniert, als hätte er alles versucht und es hätte nichts genützt, und setzt sich im Lotussitz auf den Couchtisch. Er trägt ein knöchellanges, weißes Männernachthemd. Und ist damit angemessener gekleidet als ich in meinem rosafarbenen Babydoll, das wie frisch gebügelt wirkt, weil ich gerade mal drei Stunden darin geschlafen habe.

Zu dritt durchsuchen sie meine Hotelsuite. Sie haben sich vorgestellt, mit Rang und Dienstmarke, aber wer achtet schon auf solche Kleinigkeiten, wenn morgens um acht die Polizei an die Tür klopft und freundlich erklärt, sie habe nach einem nächtlichen Einbruch mit Schusswechsel einen anonymen Hinweis von einer Männerstimme erhalten, dass die gestohlene Kette mit dem Daw'aljarub-Diamanten sich in meinem Besitz befinden würde, und mit einem Durchsuchungsbefehl herumfuchtelt?

„Liebes, das ist nur ein Missverständnis. Ein schlimmes Missverständnis, aber dennoch ... Alles wird sich in Wohlgefallen auflösen!" Arnaldur, mein süßer Lover, der leider – ich glaube, das ist genetisch bedingt, schließlich ist er Isländer – weder ‚s' noch ‚sch' korrekt ausspre-chen kann, aber trotzdem eine Vorliebe für Wörter mit ‚s' und ‚sch' hegt, versucht, mir Mut zuzusprechen. Er klingt zuversichtlich und ist die Ruhe in Person. Aber er hat ja auch die Nacht durchgeschlafen und weiß nicht, dass ich mich weggeschlichen habe, dass Bröcki ange-schossen im Krankenhaus liegt – nur für eine Nacht, zur Beobachtung – und dass das fragliche Diebesgut sich tatsächlich in meiner Hotelsuite befindet. Mir ist, als würde es radioaktiv strahlen und als könnte jeden Mo-ment der Geigerzähler der Polizisten ausschlagen.

„Ich hoffe natürlich, dass es sich um ein Missver-ständnis handelt. Aber Sie verstehen sicher, dass wir allen Hinweisen nachgehen müssen", sagt der sichtlich dienstälteste Beamte. Seinen Namen habe ich verdrängt.

„Das ist kein Hinweis, das ist Rufmord! Frau Miller ist eine gefeierte Bühnenkünstlerin. Dieser Verdacht ist einfach lächerlich!", ruft Arnaldur den Polizisten zu. Als er mir gestern erklärte, er würde noch einen Tag länger bleiben, es sei noch nicht alles gesagt, habe ich ihn ignoriert. Jetzt tut es mir trotzdem gut, ihn an meiner Seite zu wissen.

„Wir gehen mit äußerster Diskretion vor und sind extra in Zivil gekommen", erklärt der Dienstälteste, der mit verschränkten Armen am Fenster Stellung bezogen hat, damit wir keine Beweisstücke verschwinden lassen.

„Wie ernst kann denn ein anonymer Hinweis sein? Jemand, der sich feige versteckt und aus dem Dunkeln haltlose Anschuldigungen verbreitet!"

Arnaldur, mein Held! Auch wenn er momentan nur mein pinkfarbenes Satinnegligé trägt, weil er mit leich-tem Gepäck angereist ist und nackt, wie die Göttin ihn schuf, geschlafen hat. Ich persönlich glaube ja, dass die

Männerstimme des feigen Denunzianten dem bösen Juwelendieb gehört.

„Der Anrufer konnte die Kette exakt beschreiben ...“

„Wahrscheinlich hat er sie gegoogelt“, wirft Arnaldur ein.

„... und er hat angegeben, dass Sie, Frau Miller, die Kette heute Nacht aus ihrem Versteck geholt haben, um sie zeitnah an einen Dealer weiterzugeben. Wir haben mit der Frau gesprochen, die von gestern Nacht auf heute Morgen Dienst an der Rezeption hatte. Sie hat Sie nicht weggehen sehen, aber sie hat gesehen, wie Sie in aller Herrgottsfrüh, nämlich um vier Uhr dreißig, das Hotel betreten haben.“

Arnaldur schaut mich an. „Du warst weg?“

Die Tür öffnet sich schwungvoll und Yves humpelt herein.

Die Polizisten sehen auf.

Yves entdeckt die Polizisten, wird schlagartig totenbleich und will auf dem Absatz kehrtmachen.

„Entschuldigung, Sie gehören zu Frau Miller?“, ruft der Dienstälteste.

Yves bleibt stehen, dreht sich aber nicht um.

Wenn Yves etwas gar nicht kann – und er kann vieles nicht –, dann ist es schauspielern. Er kann nicht den Unschuldigen mimen. Selbst grottenschlechte Schmierenkomödianten würden glaubhafter wirken als er.

Ich bin verloren!

Eine Welle der Angst schwappt über mich hinweg und ich presse Radames unwillkürlich so fest an meinen Busen, dass er protestiert. Sofort lasse ich locker und überschütte meinen kleinen Liebling mit Küssen.

„Das ist Yves-Francois DuBois, ein renommierter Kollege und Freund von Pauline, der ihr in engagementfreien Zeiten als Assistent zur Seite steht“, lispelt Arnaldur.

Jetzt dreht Yves sich um, über alle vier Backen strahlend. Bröcki hätte Yves als ,unser männliches Hausmädchen' vorgestellt, obwohl Yves in der Tat einige Erfolge als Countertenor vorzuweisen hat und nur deshalb meistens ohne Auftritte ist, weil er als notorischer Frauenverführer nicht mehr engagiert wird – Männer haben Angst um ihre Frauen, Frauen sind wütend, weil er sich hinterher nicht mehr bei ihnen meldet.

„*Oui*", sagt er jetzt, „aber nennen Sie mich ruhig Yves." Das unerwartete Lob aus berufenem Munde hat ihn beflügelt. Er geht auf den Zivilbeamten zu und schüttelt ihm die Hand.

„Stellen Sie sich vor, lieber Yves, irgendein Spinner hat anonym der Polizei erzählt, unsere Pauline hätte etwas mit den Juwelendiebstählen zu tun", erzählt Papa.

„*Non!*", ruft Yves und bekommt ein nervöses Zucken in der linken Wange.

„Um meine Frage noch einmal zu wiederholen: Wo waren Sie heute Nacht, Frau Miller?", fragt der Beamte.

Ich höre auf, im Raum auf- und abzutigern, setze mich neben Arnaldur und streichele Radames, der sich auf meinem Schoß einrollt. Er trägt sein gestricktes Schlafjäckchen, natürlich nicht von mir – seinem Frauchen – selbst gestrickt. Es ist eine psychedelisch bunte Designhundejacke aus reiner Schafwolle von Sonia Rykiel. Radames ist zu müde, um auf die vielen fremden Männer in der Suite narkoleptisch zu reagieren.

„Also ... ich .... äh ... konnte nicht schlafen ... und ..."

Mist, verdammter! Wieso habe ich mir keine Geschichte zurechtgelegt, die ich auf Nachfrage herunterbeten kann? Jetzt habe ich den Salat.

„Sie litten also an Schlaflosigkeit und haben das Hotel verlassen?", bohrt der Beamte nach, als ich nicht weiterrede.

Mein Streicheln auf der Hundestrickjacke wird hektischer. „Genau ... wie ich gerade sagte ... ich konnte nicht schlafen ..."

Meine drei Männer starren mich mit offenen Mündern an. Der Beamte starrt auch, aber mit geschlossener Mundhöhle.

Radames schnarcht im Rhythmus meiner Streichelbewegungen.

„... und da hat sie mit dem Hund eine Hunderunde gedreht", sagt da plötzlich eine reibeisene Frauenstimme von der Zimmertür her.

Bröcki!

Mit einem hellblauen Schwimmring in der Hand.

Sie wirft mir einen Blick zu, den ich natürlich sofort zu deuten vermag.

Jetzt. Kein. Wort. Ich. Übernehme.

Meine Bröcki! James Bond und Batman in einem!

„Ich habe sie begleitet", fährt Bröcki fort. „Frau Miller macht privat gerade eine schwierige Zeit durch ..." Sie schaut zu Arnaldur.

Der guckt verblüfft, als sei ihm das neu. Er ist ein großer Künstler, ein hochtalentierter Dirigent, ein begnadeter Lover, aber eben auch nur ein Mann und somit schwer von Begriff.

„Wieso schwierig?", lispelt er.

Ich gucke frostig, nachgerade eisig, aber nicht einmal diesen Hinweis auf Perm scheint er zu verstehen.

Bröcki lässt sich von ihm nicht aus dem Konzept bringen. „Als ihre Agentin und Freundin bin ich natürlich für Pauline da. Wir haben ein langes Frauengespräch geführt und sind dann mit dem Hund nach draußen. Nicht weit. Nur hinüber zur Villa Wahnfried, dann in den Hofgarten. Ich habe mich noch gewundert, dass die Gartentore nachts nicht verschlossen sind. Übrigens haben wir betrunkene Jugendliche gesehen, die sich am Standbild vor der Villa zu schaffen gemacht haben." Sie zuckt mit keiner Wimper, als sie das erzählt. Die Frau hat Nerven wie Drahtseile. Und eine blühende Phantasie, die selbst die Covent Garden Flower Show in den Schatten stellt.

„Wieso schwierig?" Arnaldur schaut von Bröcki zu mir und wieder zurück.

„Und warum ist Frau Miller nach vier Uhr allein von der Hunderunde zurückgekehrt?", hakt der Beamte nach.

„Wer sagt denn das?

„Der weibliche Nachtportier."

Bröcki zuckt mit keiner Wimper. „Ich werde gern übersehen. Das heißt natürlich nicht, dass ich irgendjemandem Behindertendiskriminierung vorwerfen will, aber aufgrund meiner Größe – oder sollte ich sagen, meiner mangelnden Größe – kommt das durchaus hin und wieder vor."

Das kenne ich anders. Bröcki hat noch nie jemand übersehen. Bröcki zu übersehen, ist ein Ding der Unmöglichkeit. Und selbst, wenn man sie nicht sieht, spürt man ihre Präsenz. Aber ich halte die Klappe.

Der Beamte kratzt sich am Ohr. „Aha", sagt er. Mehr sagt er nicht.

Seine Kollegen kommen die Wendeltreppe herunter. „Wir konnten nichts finden."

„Natürlich nicht", erklärt Bröcki mit preisverdächtigem Pokerface.

„Dann bleibt nur noch eine Möglichkeit", sagt der Dienstälteste und bedeutet Arnaldur und mir, aufzustehen. Was wir auch tun.

Die beiden jüngeren Beamten nehmen das Sofa buchstäblich auseinander. Sehr gekonnt und in einem Affenzahn. Sie finden nur ein gebrauchtes Tempotaschentuch und ein Tic-Tac.

„Nein, da ist auch nichts", sagt einer der beiden, obwohl wir alle mitbekommen haben, dass da nichts ist.

„Natürlich nicht, was für ein unsinniger Gedanke. Frau Miller könnte nie ungesetzlich handeln. Stars wie sie erschlagen vielleicht im Affekt ihre Liebhaber, aber sie geben sich doch nicht mit kleinkriminellen Delikten ab", bellt Bröcki.

„W-wie bitte?", stottert Arnaldur.

Radames hebt ein Augenlid, sieht, dass nur Bröcki bellt, und schläft weiter.

„Sie verstehen aber sicher, dass wir diesem Hinweis nachgehen mussten." Der Beamte schaut wieder zu mir. „Der Anrufer hat uns darauf hingewiesen, dass Sie sich zum Zeitpunkt früherer Diebstähle ebenfalls in der Nähe der Tatorte aufhielten." Er schaut in ein Notizbuch. „Im Sommer vor zwei Jahren in Salzburg, letztes Frühjahr in Baden-Baden, letzten Sommer in Bregenz ..." Er schaut zu mir.

Ich schaue zu Bröcki.

„Klammern Sie sich jetzt schon an Strohhalme? Selbstverständlich war Frau Miller an den ‚Tatorten' – sie war dort als Sängerin verpflichtet. Umgekehrt wird ein Schuh draus: Nicht, wo Frau Miller ist, wird gestohlen, sondern wo Frau Miller singt, da ist auch der Dieb. Gehen Sie am besten mal die Kartenbestellungen der Opernhäuser durch. Sie finden Ihren Täter mit Sicherheit im Publikum."

Bröcki stakst steifbeinig auf das Sofa zu, auf dem eben noch Arnaldur und ich saßen, wirft den Schwimmring aufs Polster und lässt sich leise stöhnend darauf nieder.

Der Beamte glaubt wohl, sie gehe aufgrund ihres Kleinwuchses so seltsam. Und stöhne wegen eines akuten Hämorrhoidenproblems beim Hinsetzen. Ich weiß es besser.

Er nickt, steckt das Notizbuch weg und winkt seine Kollegen nach draußen. „Vielen Dank für Ihr Verständnis. Und bitte entschuldigen Sie die Unannehmlichkeiten." An der Tür bleibt er stehen und dreht sich um. „Aber bitte ... verlassen Sie Bayreuth vorerst nicht, ohne uns Bescheid zu geben."

Dann ist er weg.

Arnaldur steht auf und geht zur Küchenzeile der Suite. „Ich brauche jetzt erst einmal einen Espresso. Noch jemand?"

„Ja. Ich. Einen doppelten!" Yves trottet hinterher.

„Das war knapp", murmele ich. „Wie geht's dir?"

„Ich könnte ununterbrochen schreien." Bröcki schließt die Augen, öffnet sie aber gleich wieder. „Wo hast du die Kette gelassen?"

Arnaldur und Yves werkeln geräuschvoll in der Küchenzeile und achten nicht auf uns.

Ich beuge den Kopf nach unten und küsse Radames auf sein kleines Terrierköpfchen. Dann hebe ich vorsichtig das gestrickte Hundejäckchen hoch. Darunter kommt die sich hebende und senkende Leibesmitte meines vierbeinigen Lieblings zum Vorschein – um die sich die Kette schmiegt.

„Clever, oder?", sage ich und grinse.

Die Achse des Bösen

Das Böse ist immer und überall

Meistens ringe ich mit meinen inneren Dämonen. Aber manchmal vergnügen wir uns auch spielerisch, stupsen uns gegenseitig an und rufen: Du bist dran!

Mein Diät-Dämon – also das Gerippe, das mir (von Hochglanzmagazinen gehirngewaschen, wie alle Frauen meiner Generation) ständig zuraunt, dass ich abnehmen sollte – weiß, dass er nie gewinnen kann. Dafür lebe und esse ich einfach zu gern und lustvoll. Aber mein Fitness-Dämon trägt hin und wieder kleine Siege davon, auch wenn er die Schlacht niemals ganz für sich entscheiden wird. Kurzum: Zu den Proben im Festspielhaus gehe ich zu Fuß. Das trainiert die Beinmuskeln und bläst den Kopf durch. Man singt auch gelöster, wenn man ein paar Schritte gegangen ist.

An diesem Vormittag – wir starten wieder um elf – trete ich um 10 Uhr 30 aus der *Silbernen Traube*. Wer Bayreuth kennt, der weiß, dass dreißig Minuten für die Strecke von der Innenstadt auf den grünen Hügel für jemanden, der nicht joggt, gerade so machbar sind. Für mich also ein kühnes Unterfangen. Aber ich lebe ja gern mit der Gefahr auf du und du.

Außerdem bin ich völlig übermüdet. Ich habe Unmengen grünen Tee in mich hineingeschüttet, um wach zu werden – Kaffee geht nicht, der schlägt auf die Stimme. Gleichzeitig bin ich völlig überdreht, weil ... nun ja, wer wäre das in meiner Situation nicht? Als Juwelendiebin angezeigt zu werden – und tatsächlich eine zu sein?

Ich verstecke meine dunklen Augenringe hinter einer riesigen Sonnenbrille, habe aber trotzdem das Gefühl, dass die Leute mit Fingern auf mich zeigen.

Radames zieht mich gleich nach gegenüber, um ausgiebig an die Hauswand zu strullern. Ich schaue unauffällig über die Schulter: Lässt mich der Kommissar beobachten? Ist das Hauswandpinkeln meines Hundes eine Ordnungswidrigkeit? Kann man einen Strafzettel wegen Gebäudeverunreinigung bekommen? Wegen Hunde-Urin-Graffiti?

Ich trage an diesem jetzt schon warmen Sommermorgen zum weißen Tank-Top eine Marlene-Hose in Lindgrün, und hinter deren weit fallenden Hosenbeinen versuche ich jetzt, meinen Radames vor den Blicken möglicher Observierer zu verbergen. Was natürlich Quatsch ist, aber die Geste zählt.

Vielleicht sollte ich auch aufhören, mir mit dem original spanischen Fächer Luft zuzufächeln, weil das die Aufmerksamkeit der Passanten auf mich lenkt. Andererseits bin ich Pauline Miller. Ich würde selbst dann aus jeder Pore Grandezza ausstrahlen, wenn ich in einem Kartoffelsack einfach nur reglos dastehen würde. Folglich ist es egal.

Während ich darauf warte, dass Radames seine Blase leergestrullert hat – was sich normalerweise endlos hinziehen kann, man glaubt gar nicht, wie viel Flüssigkeit in so einen kleinen Hund passt –, mustere ich mein Spiegelbild im Schaufenster des Ladens.

Regel Nummer eins, wenn man berühmt ist: Gerade an den Tagen, an denen alles schiefzulaufen scheint, muss man besonders auf sein Äußeres achten. Damit sich zu der inneren Trostlosigkeit keine äußere gesellt.

Darum habe ich mich, nachdem die Polizei abgezogen ist, auch nicht noch für ein, zwei Stündchen ins Bett gelegt, sondern sofort meine Stylistin Carol in Los Angeles angerufen. Na ja, um ehrlich zu sein: Carol ist einfach nur eine alte Schulfreundin, die neben ihrer

Friseurlehre eine Ausbildung zur Kosmetikerin absolviert und seit Ewigkeiten die *Vogue* abonniert hat. Aber ich vertraue ihrem Urteil, und ihr Urteil in diesem speziellen Fall lautete: Gib den italienischen Filmstar der 1950er. Mach auf Sophia Loren!

Ich darf sagen – und da gibt mir auch das Schaufenster recht –, es ist mir gelungen. Man könnte mich mit einem Fingerschnippen per Zeitmaschine an die Amalfi-Küste transportieren, wo ich auf der Yacht von Aristoteles Onassis einen Campari schlürfen könnte, ohne aufzufallen.

Nachdem ich mich an mir sattgesehen habe – Radames pinkelt immer noch –, schaue ich zum ersten Mal in das Innere des Ladens. Hinter der Schaufensterscheibe stehen fünf Erdmännchen und schauen mich an.

Ich liebe Erdmännchen!

Die hier sind allerdings nicht echt. Sie stammen – wie ich dem Schild neben der Ladentür entnehme – von dem Künstler Ottmar Hörl, dessen Kleinskulpturen während der Landesgartenschau in dieser Galerie käuflich zu erwerben sind. Ich nehme mir fest vor, gleich nach der Probe nochmal vorbeizukommen und mindestens ein Erdmännchen – besser zwei oder drei, es sind ja Gruppentiere, die sich sonst einsam fühlen – käuflich zu erwerben.

In diesem Moment realisiere ich, wer im hinteren Teil des Ladens steht und sich vor Lachen biegt.

Ich schiebe die Sonnenbrille auf meinen Scheitel, um besser sehen zu können.

Das Lachen selbst kann ich nicht hören, aber die Frau erkenne ich sofort.

Das Hermännchen!

Und sie ist nicht allein. Sie ist in Begleitung von …

Allmächtiger!

Hastig wirbele ich zur Seite und presse mich mit dem Rücken an die Hauswand.

Dem Mann, mit dem das Hermännchen gerade so viel Spaß hat, fehlt der Ringfinger der linken Hand!

Ich schnappatme.

Der neunfingrige Schurke, der Bröcki und mich umbringen wollte! Die böse Version der beiden Juwelendiebe!

Ich wusste es! Ich wusste, dass das Hermännchen mit dem Teufel unter einer Decke steckt. Geahnt habe ich es schon immer, aber das hier ist der Beweis.

Was tun?

Ich kann unmöglich die Polizei rufen, dann müsste ich ja einräumen, wo mir dieser Verbrecher begegnet ist, und das würde zu der Frage führen, was ich auf dem Dach zu suchen hatte.

Ich könnte meinem bunten Haufen an Freunden und Angehörigen im Hotel Bescheid geben, die sich – im Gegensatz zu mir – gerade einen faulen Lenz machen: Bröcki schläft, anzunehmenderweise mit dem Schwimmring unter dem malträtierten Po, Yves flirtet mit dem Zimmermädchen, Arnaldur erarbeitet sich eine Partitur und Papa raucht im Badezimmer etwas, von dem ich hoffe, dass es Tabak ist und kein kleingemahlener, mexikanischer Pilz, den er zur Bewusstseinserweiterung schmaucht.

Das zumindest haben die vier gemacht, als ich sie gerade eben verließ.

Ganz ehrlich, die werden mir keine Hilfe sein. Bröcki und Yves sind körperlich angeschlagen, Papa ist weggetreten und Arnaldur ist die personifizierte Stimme der Vernunft. Er würde lieber meinen Ruf ruiniert sehen und die Exekutive verständigen, als es einem blutrünstigen Kriminellen zu gestatten, sich dem Arm des Gesetzes zu entziehen.

Nein, ich bin auf mich allein gestellt.

So flach, wie ich mich an die Hauswand presse, gehe ich eigentlich davon aus, dass ich mit ihr verschmelze und somit unsichtbar bin. Dem ist nicht so.

„Ja, Grüß Gott, Pauline", ruft es von der Straßenmitte. Kilian Kirchbichler kommt auf mich zu. „Alles in Ordnung? Du wirkst etwas verkrampft."

Kirchbichler trägt einen Hut mit Gamsbart, einen Trachtenjanker und eine kurze Krachlederne, obwohl es an die dreißig Grad hat. Hunde schwitzen über die Zunge – vielleicht reguliert er seinen Körpertemperaturhaushalt ja über die nackten Knie?

„Kilian. Geh weiter", zischele ich und mache mit dem Kopf ruckartige Geh-weiter-Bewegungen.

„Du hast doch was?" Kirchbichler mustert mich besorgt. „Hitzschlag? Hexenschuss? Panikattacke?"

Aus Augen- und Ohrenwinkeln bekomme ich mit, wie sich die Ladentür öffnet. Eine Frauenstimme sagt freundlich: „Vielen Dank für Ihren Besuch. Ich bin sicher, Sie werden mit den Kunstwerken sehr viel Freude haben."

Ich presse mich noch fester gegen die Wand, luge dabei aber zum Hermännchen und zum Neunfingermann. Er hält einen goldenen Mops in den Armen, sie ein goldenes Erdmännchen. Die Vorliebe für Güldenes passt perfekt zu den beiden.

Die Hand mit dem fehlenden Finger kann ich zwar problemlos erkennen, nicht aber das dazugehörige Gesicht. Der Mann trägt einen beigen Outdoor-Sonnenhut mit breiter Krempe.

Die beiden haben uns nicht bemerkt. Noch nicht.

„Ich liebe es, wie Hörl die Alltagskultur ästhetisiert",
höre ich das Hermännchen sülzen. Mit ihrem freien
Arm hakt sie sich beim Neunfingermann unter. Sie gehen in Richtung Luitpoldplatz.

Jetzt gilt es zu handeln!

Kirchbichler hat das Hermännchen in diesem Moment ebenfalls entdeckt und öffnet den Mund, zweifellos, um auch ihr ein herzhaftes „Grüß Gott!" zuzurufen.

Ich stürze mich auf ihn und halte ihm mit der Hand
den Mund zu.

Als Radames das sieht, zieht er die falschen Schlüs-
se, stürzt sich ebenfalls auf Kirchbichler und schleckt
die behaarten Männerwaden zwischen Krachlederner
und Wollsocken ab. Seine Kampfhund-Techniken sind
noch ausbaufähig.

„Schnell, du musst mir helfen", raune ich ihm zu.
„Zieh dich aus! Mach schon!"

Kirchbichler ploppen fast die Augäpfel aus den
Höhlen. Ich wette, er wartet schon lange darauf, dass
ihm eine Domina Befehle gibt – er hat nur nicht damit
gerechnet, dass es am helllichten Tag und mitten in
Bayreuth sein würde.

Weil er sich vor Schreck nicht rührt, werde ich aktiv,
reiße ihm den Gamsbarthut vom Kopf und setze ihn
auf, dann schäle ich den Mann aus seinem Trachtenjanker, in den ich gleich darauf schlüpfe. Beide Teile
sind einen Tick zu groß – und definitiv mehrere Ticks
zu warm für das Wetter –, aber so bin ich wenigstens
angemessen verkleidet, um dem Hermännchen und
dem Neunfingermann unerkannt zu folgen.

Denke ich.

Weil ich, wenn der Jagdhund in mir aktiviert wurde,
nicht mehr klar denken kann.

Kirchbichler schiebt sich die Hosenträger der Krachledernen von den Schultern. Offenbar will er keine halben Sachen machen.

„Bäh, lass das!", schimpfe ich. „Du traumatisierst die Eingeborenen!"

Ich rolle meine Hosenbeine bis zum Knie, richte mich wieder auf und begutachte mich im Schaufenster. Na also, perfekt.

„W-was ...?", stammelt Kirchbichler.

„Danke dir." Ich werfe ihm eine Kusshand zu und laufe los.

Er bleibt wie ein begossener Pudel zurück.

Das Hermännchen und der Neunfingermann haben bereits die Kreuzung zur Opernstraße erreicht.

Ich hinterher.

Mir wird heiß. Und immer heißer. Im Bruchteilsekundentakt.

Als die Bayern ihre Tracht erfanden, gab es noch keinen Klimawandel. Wenn es damals schon so heiß gewesen wäre wie heute, würden die Bayern aussehen wie Berber. Ich sage mir, dass Schwitzen gut für Leib und Seele ist, und wusele weiter.

Wir proben heute die Szene, in der sich Tristan und Isolde ihre Liebe gestehen. Das Hermännchen ist also gar nicht dran. Folglich muss sie nicht um elf im Festspielhaus sein.

Anders als ich – mein Name steht auf dem Probenplan.

Aber man muss Prioritäten setzen.

Womöglich führen die beiden mich zu ihrem Diebesgut-Lager. Oder ich ertappe sie dabei, wie sie ein neues Opfer ausspionieren, damit ich der Polizei mitteilen kann, wo sie als Nächstes zuschlagen werden. Anonym, versteht sich.

Jedenfalls bin ich gewappnet und habe meine Handykamera schon aktiviert.

Ich habe gerade die Straße überquert und befinde mich direkt vor dem Touristeninformationsbüro, als die beiden stehen bleiben und sich umdrehen.

Sch...

Vor dem Tourismusbüro steht eine Bank, und auf der Bank sitzt Richard Wagner mit seinem Hund. Daneben ist noch ein Platz frei.

Auf den ich mich aus dem Stand heraus katapultiere. Wobei ich Radames auf meinen Schoß ziehe.

„Mei, wie nett", ruft eine ältere Frau. „Soll ich ein Foto von Ihnen machen?"

Es handelt sich selbstverständlich nicht um den echten Richard Wagner, auch nicht um einen Schauspieler, der ihn zur Bespaßung der Touristen verkörpert, nein, es ist eine Skulptur. Mit der sich bestimmt jeder, der hier vorbeikommt, ablichten lässt. So was ist ja eigentlich unter meiner Würde. Aber jetzt ist es eine gute Tarnung.

Ich gebe der Frau mein Handy.

„Bitte lächeln!", ruft sie gleich darauf. Es klickt. „Nein, das war noch nichts. Schmiegen Sie sich doch mal an ihn."

Die Skulptur hat die Beine übereinandergeschlagen und einen Arm auf die Rückenlehne gelegt – ideal, um sich als Nebensitzer an den Torso zu lehnen. Was ich auch tue, weil ich dann besser in Richtung Luitpoldplatz schauen kann. Das Hermännchen und Neunfinger überlegen sichtlich, ob sie sich vor dem Café an der Ecke ins Freie setzen sollen. Ich ziehe den Gamsbarthut tiefer in die Stirn, die schon schweißnass ist.

„Nicht doch, man kann Sie gar nicht mehr erkennen", beschwert sich meine Zufallsfotografin.

So soll es ja auch sein. Alles richtig gemacht.

„Schon okay, ich weiß ja, dass ich es bin", sage ich.

Das Hermännchen und Neunfinger gehen weiter und biegen um die Ecke in Richtung Bahnhofstraße.

Ich springe auf. „Danke!" rufe ich, entreiße der Fotografin mein Handy und laufe los. Dabei vergesse ich, dass ich ja einen Hund an der Leine habe. Radames ist, unbemerkt von mir, weil ich ja Agentin spiele, mehrmals um den am Boden sitzenden Hund von Wagner herumgelaufen, weil offenbar schon viele, sehr viele Echthunde an dieses Teil gepinkelt haben und er die Pinkelspuren liest wie Menschen einen Reiseratgeber von Bruce Chatwin. Als ich folglich an der Leine ziehe, bekommt Radames nichts mit, ich aber werde abrupt ausgebremst. Ich kann gerade noch verhindern, dass mich der Rückwärtsruck auf den Allerwertesten katapultiert. Bis ich Radames losgewickelt habe, der natürlich auch noch kurz markieren muss, verstreichen wertvolle Sekunden. Danach jogge ich auch nicht gleich lässig los, sondern schleppe mich schwitzend voran. Mein Gott, es ist heiß in Kirchbichlers Tracht!

Bis ich endlich vorn an der Ecke bin, schwitzend und keuchend, sind das Hermännchen und Neunfinger verschwunden.

Mist!

Das Gelände ist unübersichtlich: Rathaus, Bäume, Straßen, Autos, Brücke, jede Menge Läden. Und Menschen. Wo können die beiden nur sein?

Um mir einen besseren Überblick zu verschaffen, laufe ich in die Mitte des Platzes.

Nein. Sie sind nirgends mehr zu sehen.

Was auch daran liegen könnte, dass ich mir gar nicht richtig gemerkt habe, was die beiden anhaben.

Und – im Gegensatz zu mir – sind sie von Natur aus eher unscheinbar. In großen Menschenmengen gehen sie unter. Am goldenen Mops und am goldenen Erdmännchen hätte ich sie erkannt, aber wenn die Sonne sich nicht mit mir verbündet und die beiden goldenen Skulpturen mal so richtig im Strahlen ihres Glanzes aufleuchten lässt, dann war's das jetzt.

Die Sonne spielt nicht mit.

Nirgends gleißt ein Erdmännchen. Auch kein Mops.

Aus die Maus. Ende der Fahnenstange.

In diesem Moment bemerke ich, dass die Stange mit den gelben Straßenschildern, neben der ich stehe und Ausschau halte und die Radames gerade zwanghaft markiert, weil er seit geschätzt fünf Sekunden nichts mehr markiert hat, gar nicht für den Verkehr gedacht ist. Es ist ein Kunstwerk, und auf den gelben Schildern stehen keine Ortsnamen, sondern Charaktereigenschaften: Mut. Stärke. Selbstachtung. Angst. Hass.

Letzterer wallt in mir auf.

Ich stampfe vor Wut über meine mangelnden Beschattungsfähigkeiten mit dem Fuß auf.

„Huch, schlecht drauf?", gurrt es da zuckersüß hinter mir.

Ich wirbele herum.

Das Hermännchen! Mit ihrem Erdmännchen im Arm.

„Solltest du jetzt eigentlich nicht bei der Probe sein?", stichelt sie.

Eine Kirchturmuhr schläft elf.

„Aber nein", lüge ich. „Ich führe meinen Kleinen aus."

Ich sehe mich um. Der Kleine hat sich zwischenzeitlich mittig in einem Stiefmütterchenbeet niedergelassen und verrichtet sein großes Geschäft.

Das Hermännchen schaut nicht zu Radames, nur zu mir. „Ich mag ja diesen Ethno-Look, aber ich glaube, der ist zu warm für die Jahreszeit. Du siehst aus, als würdest du schmelzen. Wie ein Schneemann am Äquator."

„Ach ja? Ich find's gar nicht so warm." Das wäre glaubhafter rübergekommen, wenn mir dabei nicht der Schweiß über die Nase laufen und vom Kinn tropfen würde.

Das Hermännchen zuckt mit den Schultern. „Echt nicht? Na gut, wir sehen uns dann später ..."

„Halt, warte!", rufe ich. „Du warst doch eben noch in Begleitung ..."

Ich lasse den Satz absichtlich offen.

„Ach, du hast uns gesehen?"

„Ja!" Ich schaue ihr fest in die Augen. Sie soll ruhig wissen, dass ich sie durchschaut habe. Das Spiel ist aus!

Ich mag ja in Sachen Beschattung Nachholbedarf haben, aber wenn es darum geht, ein Geständnis aus jemandem herauszukitzeln, bin ich top. Außerdem kann niemand so schnell – und so unauffällig – die Tonaufnahme-App seines Handys aufrufen und aktivieren wie ich.

„Ich weiß, mit wem du zusammen bist!", erkläre ich mit schneidender Stimme.

Sie lacht glockenhell. „Oh bitte, willst du jetzt etwa die moralische Keule schwingen? Ausgerechnet *du*?"

Man sieht mir meine Fassungslosigkeit offenbar an, denn sie fährt fort: „Wir Künstler stehen doch wohl über der kleingeistigen Vorstellung von ‚so was tut man nicht'." Sie hält sich das Erdmännchen wie einen Schutzschild vor den Körper.

„Du gibst es also zu?"

„Ja." Sie zuckt mit den Schultern.

Ich halte Ausschau nach Mikrobewegungen in ihrer Gesichtsmuskulatur, die mir verraten könnten, ob sie mich auf den Arm nehmen will. Aber da ist nichts zu sehen. Ich gehe stark davon aus, dass ihr Gesicht gebotoxt ist. Da regt sich nämlich rein gar nichts. Ihre Gesichtszüge sind ebenso starr ziseliert wie die des Erdmännchens in ihren Armen.

Vielleicht ist es ihr ja tatsächlich ernst damit. Und womöglich bin ich wirklich zu kleinbürgerlich, um eine solche *Laisser-faire*-Einstellung bezüglich fremden Eigentums gutheißen zu können.

„Wo ist er abgeblieben?" Ich sehe mich um.

„Er ist drüben in der Rathaus-Apotheke. Offenbar ist er Katzen-Allergiker. Gestern ist ihm anscheinend eine begegnet und jetzt muss er sein Notfallset neu aufrüsten, mit Adrenalin-Spritzen und Antihistaminikums ... äh ... Antihistaminikumme ... ach, was weiß ich." Sie wedelt ihre mangelnden Pluralbildungskenntnisse mit einer Handbewegung beiseite.

Und lächelt. Als ob nichts wäre.

Diese Chuzpe!

Wenn ich sie jetzt damit konfrontiere, dass ich *alles* weiß, taucht sie mit Neunfinger womöglich unter. In einem Land, das keinen Auslieferungsvertrag mit Deutschland hat. Brasilien zum Beispiel. Schnell, mir muss etwas unverbindlich Themawechselndes einfallen. Ich öffne schon die Lippen ...

... aber in diesem Augenblick wird mir klar, dass die ehrgeizige Sängerin in ihr mir niemals kampflos das Feld überlassen würde. Eher stiftet sie den Neunfingermann dazu an, mich heimtückisch zu erschießen, damit sie meine Rolle als Isolde übernehmen kann.

Niemals!

Ich muss gewiefter gegen sie vorgehen. Also lächele ich auch. Als ob nichts wäre.

Plötzlich erwacht das Handy in meiner Hand zum Leben und ich höre mich die Liebestod-Arie aus *Tristan und Isolde* singen. Ich habe während der Vorbereitungen für Bayreuth eine Probe mit meiner Gesangslehrerin aufgenommen und verwende sie jetzt als Klingelton.

Auf dem Display erscheint Bröckis Name. Als ich das Handy zum Ohr heben will, glitscht es mir beinahe aus den Fingern, so verschwitzt sind meine Handflächen mittlerweile.

„Was?" Ich drehe dem Hermännchen den Rücken zu.

„Ach, ich wollte nur mal hören, wie es dir so geht …", säuselt Bröcki.

„Hast du Schmerzmittel eingeworfen und bist jetzt high?", pampe ich. „Es passt gerade nicht. Ich habe …" Ein Blick zum Hermännchen, aber die hat sich das Erdmännchen wieder unter den Arm geklemmt, kniet vor Radames und streichelt ihn, was er sich – mit verliebt heraushängender Zunge – gefallen lässt, der Verräter. „… den neunfingrigen Schützen entdeckt!" Ich senke die Stimme noch weiter. „Der uns auf dem Dach umbringen wollte! Ich verfolge ihn gerade!"

„WAS? Wo bist du?"

„Auf dem Grünstreifen vor dem Rathaus."

„Fein, dann weiß ich jetzt, wo ich deine Leiche finden kann." Man hört förmlich, wie Bröcki sich aufplustert. „Bis du von allen guten Geistern verlassen? Wie kannst du dich allein einem skrupellosen Verbrecher an die Fersen heften? Du weißt doch, dass der Mann bewaffnet ist!"

„Am helllichten Tag …", fange ich an.

„Am helllichten Tag verlieren Kugeln ihre Fähigkeit, Menschen vom Leben zum Tode zu befördern? Ist es das, was du denkst? Oder glaubst du, er ist ein Mischwesen aus Graf Dracula und Mr. Hyde – tagsüber ein niedliches Häschen, nur nachts ein blutrünstiges Monster?"

So weit habe ich noch gar nicht gedacht, wenn ich ehrlich bin. Ich will aber nicht ehrlich sein.

„Der erschießt mich nicht auf offener Straße vor Hunderten von Menschen", erkläre ich im Brustton der Überzeugung. Allerdings richte ich meine Blicke jetzt auf die Apotheke, nur für den Fall, dass er mit gezogener Waffe herausstürmen und mich ins Visier nehmen sollte.

„Na, dann ist ja gut."

Am anderen Ende der Leitung hört man nur heftiges Atmen.

Ich atme auch schwer, aber das hat mit dem Hitzestau unter dem Trachtenjanker zu tun. „Und du errätst nie, mit wem er unter einer Decke steckt!" Ich überlege in Überlichtgeschwindigkeit, wie ich das hier möglichst dramatisch aufbauen kann, aber ich halte die Spannung nicht aus. „Mit Silke von Hermann!"

„Du tickst doch nicht richtig."

„Wenn ich es dir sage!"

Am anderen Ende der Leitung hört man es ausatmen. Ich wette, Bröcki zählt innerlich gerade bis zehn.

„Warum schläfst du eigentlich nicht? Du musst regenerieren", sage ich.

„Wie lieb von dir, du bist so ein Schatz", sagt Bröcki. Hm, wenn Bröcki so reizend tut, ist immer was im Busch.

„Ja dann, wir sehen uns später."

„Ja, wir sehen uns später. Nur eins noch ..."

Ich presse das Handy näher ans Ohr, damit ich Bröcki über den Straßenlärm hinweg besser hören kann. Ein Fehler!

„DU GEHST JETZT SOFORT ZUR PROBE!"

Mein Trommelfell vibriert angesichts der Brüllattacke.

„Die Festspielleitung hat eben angerufen – wo du denn bitte schön bleibst? Du bist für elf Uhr zur Probe eingeteilt."

„Es ist doch erst ...", fange ich an.

„Nein, es ist nicht *erst*, es ist *zu spät*! Entweder du stehst in fünf Minuten auf der Probenbühne oder ich bin die längste Zeit deine Agentin gewesen!" Sie legt auf.

Wenn man mir droht, werde ich bockig. Aber in diesem Moment tritt der Neunfingrige aus der Apotheke, hält Ausschau nach dem Hermännchen, entdeckt mich und erstarrt. Er steht unter der Markise im Schatten, und zusammen mit dem Schatten, den die Krempe seines Huts wirft, kann ich sein Gesicht immer noch nicht erkennen.

Ich spüre den kalten Hauch des Todes. Bröcki hat recht, wenn er mich erschießen will, macht er das auch genau hier und jetzt.

Ich schnappe meinen Radames und laufe mitten auf die Straße, weil ich gesehen habe, dass da ein Taxi ist.

Es wird wild gehupt.

Das Hermännchen ruft mir hinterher: „Was hast du denn auf einmal?"

Aber da stehe ich schon neben dem Taxi, reiße die Beifahrertür auf, werfe Radames in den Fußraum – natürlich liebevoll und sanft – und steige ein.

„Hören Sie mal, ich bin vorbestellt!", schnauzt mich der Fahrer an.

Mein BH ist frisch gefüllt und gleich darauf halte ich dem Mann einen grünen Schein vor die Nase. Wenn das so weitergeht, kann ich von Glück sagen, wenn ich die Festspiele unterm Strich ohne Verlust verlasse. „Zum Festspielhaus. So schnell Sie können!"

„Sie haben Glück, das liegt eh auf meinem Weg", sagt er, schon sehr viel freundlicher, und steckt sich den Schein in seine Hemdtasche.

Wir fahren los. Bei einem letzten Blick zurück sehe ich, wie der Neunfingermann mit dem Rücken zu mir neben dem Hermännchen steht und ihr die Hand küsst.

Ich lebe noch!

Ich schaue wieder nach vorn und atme erleichtert aus. Erleichtert und völlig überhitzt. Während der Fahrt schäle ich mich aus dem klatschnassen Janker, den ich mitsamt Hut auf die Rückbank werfe.

Um beides dort – aber das weiß ich in diesem Moment noch nicht – beim Aussteigen prompt zu vergessen.

Sorry, Kilian.

Bitte lächeln! – Fotoshooting

*Die Freimaurer-Weltverschwörung, darunter
machen wir's nicht!*

Ich wurde zwei Mal geboren: einmal als kleines Mädchen an einem bemerkenswert nebligen Februarmorgen und dann erneut fünfundzwanzig Jahre später an einem sonnigen Augustmittag – als Diva.

Es war mein allererstes professionelles Fotoshooting. Damals studierte ich – dank eines Stipendiums – Gesang an der Juilliard School und wurde, zusammen mit den anderen Jahrgangsbesten, für einen Image-Flyer abgelichtet. Stundenlang wurden wir geschminkt und eingekleidet und ausgeleuchtet, und als ich die Ergebnisse sah, war mir klar: Mein zweites Leben hatte begonnen. Aus dem unsicheren, dicklichen Provinzmädchen, das gelegentlich immer noch pubertäre Pickel auf der Stirn hatte, war wie durch Magie eine aufstrebende, selbstsichere Opernsängerin geworden, der die Zukunft gehören würde. Den Flyer mit dem Foto habe ich jahrelang mit mir herumgetragen, ihn jeden Morgen nach dem Aufwachen angeschaut und mir gesagt: *Das bist du jetzt, du bist eine Diva!* Und genau so kam es dann – selbsterfüllende Prophezeiungen funktionieren eben!

Bis zum heutigen Tag liebe ich Fotosessions, so wie die, die ich jetzt gerade für ein großes, deutsches Hochglanzmagazin absolviere.

Die Probe, zu der ich nicht nur zu spät gekommen bin, sondern auf der ich auch mehrmals wegen akutem Schlafmangel eingenickt bin, wurde extra um 14 Uhr beendet, damit wir uns fotografieren lassen können. Auch wenn die Bilderfolge nicht mehr rechtzeitig zum Ende der Saison erscheinen wird – Hochglanzmagazine haben in der Regel einen Vorlauf von mindestens zwei, eher drei Monaten –, ist es dennoch eine gute Werbung für Bayreuth. Für die nächste Saison. Weil alle, die die Fotos sehen, denken werden: Ach, wäre ich doch dabei gewesen. Das ist zumindest die Absicht.

Und natürlich ist es auch eine exorbitant gute Werbung für uns Sänger und Sängerinnen.

Eine französische Stylistin und eine italienische Visagistin haben sich an mir nach Gusto ausgetobt, und nun stehen wir im Hofgarten am Brunnen mit der Amphitrite-Figur und werden vom japanischen Fotografen wie ein Stillleben drapiert. Atmend, aber reglos.

Maria, die Visagistin, hat so viel Concealer auf meine fast nachtschwarzen Augenringe aufgetragen, dass ich das Gefühl habe, mein Make-up bröckelt, wann immer ich blinzele. Darum blinzele ich nicht.

„Ganzwunderbar!" Yoshihito Yamamura gilt als der neue Helmut-Newton-Skandalfotograf, und wir – das heißt, einige von uns – haben Glück, überhaupt angezogen und ungefesselt posieren zu dürfen. Sein deutsches Lieblingswort ist *ganzwunderbar* – in einem Atemzug und stets voller Begeisterung ausgerufen.

Es soll eine Bilderreihe werden: Die Sängerinnen und Sänger aller Bayreuth-Opern werden, auf unterschiedliche Locations verteilt, abgelichtet. Und zwar stets in einer anderen einheitlichen Farbgebung. Wie ich hörte, tragen die Jungs und Mädels aus der *Walküre* alle Rot. Die *Götterdämmerung*-Mannschaft muss sich mit dem für den Teint eher ungünstigen Orange begnügen. Und wir hier sind alle in Grün gekleidet. Grün ist jetzt nicht wirklich meine Farbe, aber Gülsün, die türkische Assistentin von Yoshihito, hat mir versprochen, dass sie mit Photoshop nochmal drüberbügelt und ich auf den Endfotos nicht so aussehen werde, als müsse ich mich gleich übergeben. Zudem steht in meinem Vertrag, dass ich das letzte Wort über die Veröffentlichung der Fotos habe. Ich bin also ganz entspannt.

Und sollte die Bilderreihe trotz allem nicht in die Annalen der Kunstfotografie eingehen, so ist unser bunter Haufen aus allen Winkeln der Erde – Türkei, USA, Japan, Argentinien, Deutschland, Bayern, Schweden, Italien und Frankreich – doch wenigstens eine optisch augenfällige Nachbildung des Völkerbundes und trägt somit hoffentlich zum Weltfrieden bei.

Die Bäume sind grün, der Algenteppich auf dem Brunnenwasser ist grün und wir – ich, Kilian Kirchbichler, Carlos Meister, Biff McGillicuddy und ... bäh ... auch das Hermännchen – passen farblich eins a dazu. Aus unserer Truppe fehlen eigentlich nur Bariton Castilliani wegen Unpässlichkeit – „binne kranke", wie er ausrichten ließ – und Veit Hofer, weil der fürs Posieren Geld wollte, was das Magazin ablehnte.

Kilian gibt den Neptun, also den Ehemann der Amphitrite. Er steht mitten im Brunnen und trägt nur eine grün gefärbte, knielange, bauschige Fellhose, was ihn wie einen Satyr aussehen lässt. In der Hand hält er einen gewaltigen Dreizack. Weil ich seinen Janker und seinen Gamsbarthut verschlampt habe, beides offenbar vom Opa geerbt, hat Kirchbichler heute noch kein Wort mit mir gewechselt.

Biff McGillicuddy, der Tenor, der auf der Bühne den jungen Seemann gibt, darf einen lindgrünen Seidenanzug tragen, der ihm ausnehmend gut steht und an einen Playboy erinnert. Obwohl er mit Handschellen gefesselt ist – oder vielleicht auch gerade deshalb.

Tenor Carlos Meister gibt in seinem neongrünen, hautengen Strampelanzug eher den Riddler aus den Batman-Filmen.

Das Hermännchen, die blöde Kuh, sitzt neckisch auf einem der Steine rund um Amphitrite, ist wie Marilyn Monroe frisiert und trägt ... scheinbar nichts. Sie stützt sich mit dem linken Arm nach hinten ab und hält sich mit dem rechten Arm ein grünes Badetuch vor die nicht jugendfreien Körperstellen. Alle Männeraugen sind auf sie gerichtet und sie genießt es sichtlich.

„*Ganzwunderbar*", jubelt Yoshi.

Ich stehe etwas seitlich auf der Höhe von Neptun, bin aber in meinem pastellgrünen Rokoko-Outfit – das mich an mein Bühnenkostüm von den Salzburger Festspielen erinnert – unübersehbar. In der Hand halte ich ein grün gefärbtes Opernglas mit ausziehbarem Griff. Dazu trage ich einen gigantischen Reifrock und eine turmhohe Perücke, alles in Grün. Nur um meinen Hals schlingt sich ein blutrotes Samtband. In dem Meer aus Grün ist dieses rote Halsband der einzige Farbklecks. Allerdings ähnele ich auf diese Weise ein bisschen der vom Tod auferstandenen, guillotinierten Ex-Königin Frankreichs. Aber ich muss sagen: Ich bin ein sehr beeindruckender Zombie. Ich wirke majestätisch und – trotz meiner hundert Kilo Lebendgewicht – ätherisch.

„Maria, mehr Puder für Neptun – seine Nase glänzt!", ruft Yoshi.

Maria watet in den Brunnen und stellt mit ihrer Puderquaste einen Sandsturm in der Sahara nach, auf dass an Kirchbichler nichts mehr glänze.

Es ist zwischenzeitlich nicht nur ein heißer Sommertag, sondern auch ein drückender. Aufgrund der schwülen Hitze schwitzen wir alle und Maria kommt mit dem Abpudern kaum nach.

Yoshihito schießt derweil ein paar Probefotos, obwohl Maria noch am Pudern ist, um ein Gefühl für das Licht zu bekommen. „Ganzwunderbar", ruft er.

Wie ich so tatenlos herumstehe, kann ich mir Gedanken machen. Nicht über Sinn und Unsinn und tiefenpsychologische Deutung dieser seltsamen Gruppierung aus Playboy, Riddler, Satyr, Hollywoodhäschen und Rokokokönigin, sondern über die Vorwürfe, die gegen mich im Raum stehen. Noch haben die Medien nichts davon mitbekommen, aber sobald das der Fall ist, werde ich vermutlich Schlagzeilen lesen wie: *International gefeierte Opernsängerin unter Verdacht* oder marktschreierischer: *Diebstahl-Diva leugnet alles.* Und sollte dieser Fall noch vor der Premiere eintreten, werde ich von der Festspielleitung eventuell sogar ersetzt, damit mein schlechter Ruf nicht auf *Tristan und Isolde* überschwappt. Dann bekommt womöglich das Hermännchen meine Rolle. Nicht auszudenken!

Das kann ich nur verhindern, indem ich den echten Dieb in flagranti erwische. Oder die *zwei* echten Diebe. Vielleicht stecken die ja unter einer Decke, auch wenn es nicht den Anschein erweckte. Aber möglicherweise ist genau das ihre Masche: guter Dieb und böser Dieb. Wie guter Cop und böser Cop in amerikanischen Fernsehserien.

Sicher bin ich mir nur in einem: Das Hermännchen steckt irgendwie mit drin! Vorteil: Das ist meine Chance, die Sache zu eruieren. Nachteil: Ich werde mehr Zeit im Umfeld vom Hermännchen verbringen müssen.

Angefressen schaue ich zu meiner Nemesis, die immer noch glucksend auf Marilyn macht, während die steinernen Fische neben ihr Wasser spucken.

Yoshis Helfer haben alle Hände voll zu tun, die männlichen Gaffer außerhalb des Bildrahmens zu halten.

Die Zeit verrinnt. Es ist schon nach vier. Beinahe fünf. Ich sehne mich nach meinem Bett, aber wir werden hier wohl noch eine Weile beschäftigt sein.

Um nicht aufs Hermännchen zu schauen – das tut auf Dauer meinen Augen weh –, schaue ich in die andere Richtung, zu dem Weg, der längs durch den Hofgarten führt.

Und da sehe ich ihn.

Erst erkenne ich ihn natürlich nicht. Schließlich trägt er keine Strumpfmaske und ist unbewaffnet, aber beim Blick durch das Opernglas erkenne ich seine linke Hand, und die beschert mir schlagartig ein Déja-vu-Erlebnis. Sie hat nämlich nur vier Finger.

Der Juwelendieb! Der *böse* Juwelendieb!

Einen Moment lang schlägt mir das Herz bis zum Hals.

Wieder kann man sein Gesicht nicht erkennen. Er trägt zu seinem beigefarbenen, ungebügelten Sommeranzug immer noch den farblich passenden Hut mit breiter Krempe, den er seitlich schräg nach unten gezogen hat, so dass ich von dieser Seite aus nichts außer einem Allerweltskinn sehen kann.

Er kommt aber nicht auf mich zu, auch nicht auf das Hermännchen, sondern eilt – irgendwie verhuscht – in Richtung Villa Wahnfried.

Eine Frau, ein Gedanke ...

... ihm nach!

Allerdings bin ich ja eigentlich anderweitig beschäftigt.

„Alle Augen zu mir", ruft Yoshi, und sein Riesenteil von Kamera gibt ratternd wie ein Maschinengewehr Klickgeräusche von sich. „Miss Miller, *ganzwunderbar*, aber etwas mehr Konzentration, bitte. Zur Kamera schauen, wenn ich bitten darf. Hier ist das Vögelchen."

Ich schaue zu Yoshi. In Sekundenbruchteilen muss ich eine Entscheidung treffen.

Sie trifft sich aber quasi von allein.

Als ich nämlich mit der freien Hand den – ebenfalls grünen – Fächer aufklappe, schneide ich mich aus Unachtsamkeit am Papier. Ein Blutstropfen bildet sich auf meinem Mittelfinger.

Wird es im Hofgarten plötzlich einen Tick heller, weil über meinem Kopf eine Glühbirne aufleuchtet?

Ich glaube, ja.

„Oh weh", trillere ich und drücke heimlich, aber fest, auf meinem Mittelfinger herum, bis sich zu dem Blutstropfen ein paar Kameraden gesellt haben.

Kilian ‚Neptun' Kirchbichler, der direkt neben mir im Brunnenwasser steht, schaut zu mir. „Was ist?", fragt er, obwohl er ja eigentlich nicht mehr mit mir reden will, aber die Männerneugier siegt über seine nachtragende Persönlichkeitsstruktur.

Ich strecke ihm meinen Mittelfinger entgegen.

Mit den zu erwartenden Folgen.

Neptun sieht das Blut, röchelt, wird bleich und kippt um.

Wasser spritzt hoch.

„Er ertrinkt, oh mein Gott, er ertrinkt!" Weil ich ja nicht will, dass er wegen meiner kleinen Aktion tatsächlich in Gefahr gerät, klappe ich den Reifrock auf – ja, er ist aus Metall und lässt sich wie ein Gartentürchen hinten öffnen –, springe in den Brunnen und halte Kilians Kopf so lange über die Wasseroberfläche, bis Carlos, Jan und die diversen Assistenten von Yoshi mir zu Hilfe eilen und Kilian aus dem Brunnen hieven. Kilian ist ein Schrank von einem Mann und sie schaffen es selbst zu viert kaum. Er hustet und spuckt Wasser, aber er lebt.

Währenddessen laufe ich mit wackelnder Perücke los.

„Was ...?" Yoshi schaut fragend hinter seinem Kamerastativ hoch.

„Ich muss mal", rufe ich, ohne stehen zu bleiben. „Schreck drückt mir immer auf die Blase."

Zu diesem Zweck wurde eigens ein Dixie-Klo aufgestellt, aber selbst wenn ich tatsächlich *müsste*, würde ich niemals nicht auf ein Dixie-Klo gehen. Ich bin doch kein Bauarbeiter!

Im Laufen höre ich das Klick, Klick, Klick von Handykameras, aber das ist mir egal. Sollen die Gaffer doch Fotos von mir schießen, wie ich – mit nichts weiter bekleidet als einer grünen Korsage und einem hellgrünen, knielangen Oma-Schlüpfer – durch den Hofgarten wusele. Und mit grün gepuderter, turmhoher Pompadour-Perücke, die auf meinem Scheitel wackelt wie ein Hochhaus bei einem Erdbeben der Stärke neun.

Der Neunfingermann hat einen klaren Vorsprung, aber noch kann ich ihn sehen.

Wo will er nur hin? So mitten am Tag kann er doch unmöglich auf Diebestour sein, denke ich bei mir. Was ich mir innerlich auch gleich selbst bestätige, denn auch wenn es ein bisschen den Anschein hat, als würde er sich an unserer Truppe vorbeischleichen, schaut er sich nicht verstohlen um, was er doch bestimmt tun würde, wäre er in krimineller Absicht unterwegs. Nein, es hat ganz den Anschein, als hätte er sich einfach nur verabredet.

Ob er das Hermännchen hintergehen und sich mit seinem Hehler treffen will? Oder gar mit einer potenziell neuen Komplizin? Gleich werde ich es wissen.

Ich gehe davon aus, dass die Verabredung im Café der Villa Wahnfried stattfinden wird. Wo sonst sollte man sich hier treffen?

Aber er betritt ein daneben liegendes Grundstück.

Als ich an die Pforte komme, von der ein langer, von Bäumen gesäumter Weg zu einer weiteren prachtvollen Villa führt, ist der Neunfingermann nicht mehr zu sehen.

An der Steinpforte befinden sich zwei Schilder. Ein kleineres: *Freimaurer-Loge Eleusis zur Verschwiegenheit*. Und ein größeres: *225 Jahre Freimaurerloge Bayreuth 1741–1966. Zur Erinnerung an den Gründer Friedrich Markgraf zu Bayreuth 1741–1763.* Vom Markgraf gibt es ein Bronze-Relief, das ihn alt wirken lässt, obwohl er ja anscheinend nur 22 Jahre alt wurde. Jaja, die gute, alte Zeit, in der man früher starb, aber auch früher anfing, Großes zu leisten. Denn laut Schild hat der Markgraf ja schon als Frischgeborener eine Freimaurerloge gegründet.

Konzentriere dich, mahne ich mich innerlich.

Auf dem Aufsteller vor der gegenüberliegenden eckigen Steinsäule steht: *Deutsches Freimaurer-Museum – während der Festspiele ist das Museum täglich von zehn bis sechzehn Uhr geöffnet.* Es ist aber noch keine Festspielzeit, also ist geschlossen. Was will der Dieb hier?

Das finde ich nur heraus, wenn ich ihm nachschleiche.

Das Holztor an der Pforte zum Museumsgelände ist nur angelehnt. Ich drücke es auf.

Vögel zwitschern. Ein Eichhörnchen huscht einen Baumstamm hinauf.

Idylle pur. In der sich irgendwo ein bewaffneter Schmuckdieb versteckt. Dem ich gerade nachschleiche. Bin ich von allen guten Geistern verlassen?

Möglich.

Der Weg führt zu einem Platz mit einer historischen Villa, von denen es in Bayreuth nur so wimmelt.

Alles wirkt verlassen und leer, aber im Näherkommen sehe ich, dass auch hier die Tür zur Villa nur angelehnt ist.

Vorsichtig drücke ich sie auf.

In der Lobby ist niemand. Also brauche ich die Ausrede nicht, die ich mir zurechtgelegt habe, von wegen ich würde zu einem Fotoshooting-Team gehören und müsste mal nötig die ‚Fliesen'-Abteilung aufsuchen. Profi-Tipp: Beim Lügen immer nah an der Wahrheit bleiben, das wirkt glaubhafter.

Weil alles so verlassen scheint, gerate ich ins Grübeln. Doch keine Verabredung, sondern eine Diebestour? Aber was kann man in einer Freimaurerloge schon groß stehlen? Insignien wie Winkelmaß und Mörtelkelle in Gold?

Die Lobby führt in drei Räume: links in eine Ausstellung mit Bildern (leer), rechts in eine Kaffeeküche und eine Art Mini-Museumsshop (leer) und geradeaus ins eigentliche Freimaurermuseum. Auch leer.

Oder?

Behutsam öffne ich die Glastür.

Und höre eine sonore Männerstimme.

Aha!

Ob sich der Juwelendieb hier mit seinem Hehler verabredet hat? Oder ob er beim Stehlen kostbarer Museumsstücke Selbstgespräche zu führen pflegt?

So oder so wird es mir helfen, wenn ich das aufzeichne. Eine Videoaufnahme mit Ton könnte die Polizei davon überzeugen, dass nicht *ich* die gesuchte Juwelendiebin bin.

Ich zücke mein Handy, das zwischen meinen Brüsten im Ausschnitt der Corsage steckt. Es hat Vorteile, einen üppigen Vorbau zu besitzen! Neben Banknoten passen da auch noch Handy und ein Taschentuch rein.

„Begegnung ... ich werde an ...", sagt die Stimme. Sehr volltönend. Wie jemand mit Sprecher-Ausbildung. Das ist nicht die Stimme des Neunfingermannes, die klang anders. Naṣaler. Also ist er doch nicht allein.

Noch kann ich mir darauf keinen Reim machen, aber gleich weiß ich mehr. Ich schleiche näher und halte mein Handy in Brusthöhe vor mich.

An den Wänden befinden sich die Schaukästen. In der Mitte des Raumes gibt es kleine Kammern, deren Zugänge mit Vorhängen verdunkelt werden können. Aus einer dieser Kammern dringt die Stimme. Der Vorhang ist vorgezogen. Da drin muss der Finsterling mit seinem Hehler sein. Okay, dann eben kein Bild, nur Ton.

Ich atme leiser und halte mein Handy an den Vorhang. Die Videofunktion ist bereits aufgerufen, ich muss nur noch auf den weißen Kreis drücken, dann wird jedes Wort aufgezeichnet.

„... Begegnung ...", höre ich schon wieder. Ein Codewort?

Mein Daumen senkt sich auf den weißen Kreis. Jetzt oder nie!

Doch mit dem, was jetzt geschieht, habe ich nicht gerechnet: Ich höre meine eigene Stimme, die sich kunstvoll dem hohen C entgegenschwurbelt.

Ehrlich, ich muss mir dringend einen anderen Klingelton suchen! Und künftig bei Beschattungsaktionen daran denken, mein Handy auf lautlos zu stellen.

Auf dem Display erscheint Bröckis Name.

Der Vorhang der Kabine wird zur Seite gerissen und vor mir steht ...

... der Juwelendieb. Der *gute* Juwelendieb. Der mit der Gentleman-Aura.

Ich drücke den Anruf weg.

„Was machen Sie denn hier?", zischele ich und schaue an ihm vorbei in die Kabine, die sehr viel kleiner ist, als ich dachte. Zwei Männer passen da nicht rein, obwohl mein Gegenüber ein sehr schmächtiges Exemplar der Gattung Mann ist und es deshalb noch etwas Platz gäbe.

Hinter ihm wiederholt die sonore Stimme erneut „Begegnung", und jetzt erst merke ich, dass die Stimme vom Band kommt und ein Exponat erläutert.

Der Juwelendieb lächelt mich an. „Was ich hier mache? Die Frage wollte ich gerade Ihnen stellen."

Mein Handy jodelt schon wieder. Man kann Bröcki nicht wegdrücken. Schon gar nicht eine vermutlich gelangweilte Bröcki auf ihrem Schwimmring-Krankenlager. Wenn ich nicht rangehe, wird sie so lange anrufen, bis ich einknicke. Und sie kennt mich: Sie weiß, dass ich mein Handy niemals ausschalte.

„Es passt gerade nicht!", belle ich in den Hörer. „Ich bin beim Fotoshooting."

„Ach, tatsächlich? Und warum hat mich dann gerade der Fotograf angerufen und mich gefragt, wo du plötzlich abgeblieben bist?" Mist, ich habe die Lautsprecherfunktion aktiviert. Der Juwelendieb hört amüsiert zu.

„Ich bin auf dem Klo. Lass mich, du nervst", fauche ich.

„Hallo, Frau Bröckinger", ruft der Juwelendieb, weil er ja gut erzogen ist. Er ruft es fröhlich. Offenbar ist er belustigt.

Ich schaue ihn mit hochgezogenen Augenbrauen an.

Er zwinkert mir zu.

„Wer ist das?", will Bröcki wissen.

„Der Langfinger vom Dach. Nicht der mit der Knarre, der andere."

„Ich bevorzuge Gentleman-Einbrecher", korrigiert mich mein Gegenüber. Er beugt sich über das Handy in meiner Hand und flüstert: „Wir sind bei den Freimaurern. Ein geheimes Treffen, müssen Sie wissen."

„Freimaurer?" Ich erkenne die Stimme. Es ist Yves. Offenbar hat auch Bröcki auf laut gestellt. „Pauly, du ermittelst bei einem Geheimbund?" Yves klingt ehrfürchtig. „Dann stecken also die Freimaurer hinter den Juwelendiebstählen?"

„Yves, deine Phantasie galoppiert schon wieder mit dir durch! Und wie geheim können die Freimaurer schon sein, wenn der Weg zu ihnen beschildert ist?"

„Wenn man etwas verbergen will, muss man es vor aller Augen tun! Sieh dich vor! Freimaurer, Illuminati, Rosenkreuzer – man weiß doch, wozu die fähig sind!" Yves hängt zu oft vor der Glotze herum. Ich nehme mir vor, sämtliche Gefälligkeiten einzufordern und ihm endlich wieder ein Engagement zu besorgen. Der Mann ist unterfordert, demzufolge drehen seine kleinen, grauen Zellen hohl.

„Pauly, was soll der Scheiß? Ehrlich, zwei Mal innerhalb eines Tages! Willst du mich in ein frühes Grab bringen? Du lässt sofort das Ermitteln bleiben und gehst wieder zum Fotoshooting, hast du mich verstanden?" Bröckis Stimme duldet keinen Widerspruch. „Du hast fünf Minuten, sonst schicke ich Arnaldur los, damit er dich über seine Schulter wirft und gewaltsam zum Fotoshooting zurückträgt. Er ist ein Nachkomme der Wikinger – Über-die-Schulter-Werfen, Plündern und Schänden steckt ihm in den Genen!"

Mein isländischer Lover ist groß und stark und vom vielen Dirigieren hat er Oberarmmuskeln, die an Popeye erinnern. Dennoch reicht seine Kraft nicht aus, um mich Vollweib zu schultern. Das weiß ich aus leidiger Erfahrung, weil er mich bei unserem ersten Lie-besurlaub auf Island galant auf eins seiner Ponys heben wollte. Die Drohung prallt also wirkungslos an mir ab.

Und ich sehe mich auch nicht genötigt, ihn gegen diese Unterstellung zu verteidigen. Wer einen Mehr-jahresvertrag in Perm unterschreibt, ohne mich vorher zu fragen, soll sich gefälligst einen Pflichtverteidiger suchen.

„Bin schon unterwegs", lüge ich frech und unterbre-che die Verbindung. „Was machen Sie hier?", frage ich den Juwelendieb.

„Ich wurde einbestellt."

„Einbestellt?"

„So ist es."

„Von wem?"

„Von mir."

Die satanische Zweit-Ausgabe des Gentleman-Ein-brechers hat sich unbemerkt hinter uns materialisie-ren können, weil wir ja telefonierend abgelenkt waren. Möglicherweise hat er sich in einer der anderen Kabi-nen versteckt gehalten. Oder er ist wie eine Büffelherde von draußen hereingedonnert – wie gesagt, wir waren abgelenkt.

Unter dem Sonnenhut mit der breiten Krempe trägt er jetzt eine Skimaske.

Die Augen in den Sehschlitzen lächeln, aber es wirkt alle andere als fröhlich.

Zudem richtet er eine Waffe auf uns. Eine ungute Kombination.

Er hält die Waffe allerdings in der Hand mit den vier Fingern. Ob uns das einen taktischen Vorteil ver-schafft?

„Ich war erstaunt, von Ihnen zu hören", sagt der gute Juwelendieb. „Und dann gleich zu einem Treffen gebeten zu werden, hat mich – ich sage es offen – nachgerade verblüfft. Darf ich fragen, warum Sie mich sprechen wollten?" Er trägt einen eierschalenfarbenen Leinenanzug und einen Tropenhelm. *The real deal*, wie wir Amerikaner sagen würden. Die Rolle des Gentleman-Einbrechers spielt er perfekt: in Aussehen, Artikulation und Attitüde.

„Ist das für jeden denkenden Menschen nicht selbsterklärend?" Der böse Juwelendieb stinkt gegen den guten optisch ab. Womit ich beileibe nicht sagen will, dass Schönheit immer das Gute repräsentiert und das Böse stets hässlich ist. Man denke nur an das Hermännchen: eine aparte Hülle, in der ein schlammiges Sumpfmonster steckt. Oder anders ausgedrückt: ein verfaulter Apfel, umrundet von zarter Vollmilchschokolade.

Ich will nur sagen, wenn man es auf einen der größten Diamanten der Welt abgesehen hat, dann muss man sich doch passend zum Job kleiden. Keine ausgebeulten Jeans zum ungebügelten Shirt, und ganz sicher keine weißen Baumwollsocken in Gesundheitssandalen.

Mit seiner nasalen Stimme fährt er fort: „Ursprünglich wollte ich es wie einen theatralischen Selbstmord aussehen lassen, Sie erschießen und Ihnen anschließend die Waffe in die Hand drücken. Dass wir Gesellschaft von einem Goldkehlchen bekommen, hatte ich nicht geplant. Aber wie heißt es so schön? Hilf dir selbst, dann hilft dir der große Vollbartträger im Himmel. Jetzt kann ich zwei Fliegen mit einer Klappe schlagen. Den einen ausschalten, die andere belasten. Umso besser."

Er lächelt.

Und drückt ab. Einfach so.

Es gibt einen furchtbaren Knall und der gute Juwelendieb wird mit voller Wucht gegen die Rückwand der Kabine geschleudert. Mitten in seiner Hemdbrust klafft plötzlich ein sengendes Loch.

Ich kann nichts weiter tun, als fassungslos zuzusehen, wie er an der Wand nach unten auf den Boden rutscht und liegen bleibt.

Womit auch die Frage geklärt wäre, ob man mit nur vier Fingern an der Hand zielgenau schießen kann ...

„Punkt eins erledigt, nun zu Punkt zwei", sagt der feige Mörder und dreht sich zu mir.

Oh nein, so will ich nicht abtreten. Nicht wimmernd und um Gnade winselnd. Eine Pauline Miller stirbt, aber sie ergibt sich nicht!

Also werfe ich ihm das Handy an den Kopf, bevor er wieder abdrücken kann, und laufe davon. Soll er mich doch von hinten erschießen, von vorn kriegt er mich nicht!

Nun bin ich leider moppelig und unsportlich, der Unmensch dagegen schmächtig und durchtrainiert. Es ist also von Anfang an klar, dass ich keine Chance habe ...

... und trotzdem!

In der Lobby – also keine fünf Schritte weiter – hat er mich schon eingeholt. Er will mich am Arm packen, aber ich schlage einen Hasenhaken nach links, rutsche aufgrund des für mich hohen Tempos aus, falle auf den Podex und schlittere gegen die Standuhr. Es tut einen dumpfen Schlag und das dunkle Holz bekommt eine unschöne Kerbe, als ich mit meinen High Heels voll dagegenknalle, direkt unterhalb des Totenschädels mit den gekreuzten Knochen.

Positiv ist nur zu vermerken, dass die Perücke sitzt. Claire, die Stylistin aus Paris, hat zweifellos mit Allwetter-Taft gesprüht ...

Ich schließe die Augen. Wenn man alles gegeben und das nicht geholfen hat, muss man sich in sein Schicksal fügen.

Aber der Neunfingermann erschießt mich nicht gleich. Hat er nach eigenen Angaben ja auch nicht vor. Er drückt mir nur die Waffe in die Hand.

„So ist es fein. Jede Menge Abdrücke hinterlassen und Schmauchspuren aufnehmen." Er schließt die Finger meiner rechten Hand fest um das noch warme Metall. „Ich spekuliere jetzt mal. Die Polizei wird zu dem Schluss gelangen, dass Sie beide gemeinsame Sache gemacht haben. Sie, Frau Müller ..."

„Miller", korrigiere ich. Wenn ich schon sterbe, dann unter meinem richtigen Namen.

„Was auch immer ... ehrlich, ich kann mein Glück kaum fassen. Ich komme nicht nur aus dieser Sache hier raus, ich bekomme auch noch ein Alibi für all meine früheren Brüche." Während er weiter meine Hand auf die Waffe drückt, plaudert er nasal weiter. „Es wird sich den Behörden so darstellen, dass Sie sich immer an den Festspielorten haben engagieren lassen und die Lage ausbaldowert haben, und Ihr Kompagnon da drüben ist dann über die Dächer eingestiegen und hat den Schmuck gemopst." Er kichert.

Jetzt ist mir auch klar, warum er sich bei der großen Auswahl an Skulpturen im Ottmar-Hörl-Shop ausgerechnet für einen *Mops* entschieden hat.

Neunfinger fabuliert weiter: „Aber hier in Bayreuth ist auf einmal alles schiefgelaufen. Sie haben sich zerstritten. Die Lage eskaliert. Sie haben ihn im Affekt erschossen, konnten aber nicht mit Ihrer Tat leben. Ergo: Suizid."

Ich fühle mich wie ein Reh im nächtlichen Scheinwerferlicht – zur Salzsäule erstarrt kann ich nichts anderes tun, als einfach nur dazuliegen und es mit mir geschehen zu lassen.

„Arrivederci, Miss Miller!" Er hebt meine Hand und richtet den Lauf auf die Stelle zwischen meinen Augen.

Da tut es einen Schlag.

Und zwar nicht aus der Standuhr.

Tschu-Tschu-tschäräää

Panorama-Sightseeing mit Panikattacke bei rasanten fünfzehn Kilometern pro Stunde

Die gute Nachricht zuerst: Ich lebe immer noch!

Die schlechte Nachricht: Der Neunfingermann lebt auch noch.

Obwohl der Schlag, den es tat, ihn getroffen hat. Die Skimaske muss die Wucht des Aufpralls abgemildert haben.

Dazu kann ich nur sagen. Was mich nicht umbringt, sollte sich schon mal warm laufen ...

Der böse Dieb hat jedenfalls die Beine in die Hand genommen und ist auf und davon.

Was jetzt ursächlich nichts mit mir zu tun hatte. Er nahm weniger deshalb Reißaus, weil er Angst vor mir hatte, obwohl ich – kaum dass mir klar wurde, dass ich überlebt hatte – auf die Beine sprang und die Furie in mir weckte. Heißt: Ich wedelte mit den Armen und schrie mir den Frust aus dem Leib.

Nein, er trollte sich in Lichtgeschwindigkeit und mit weit aufgerissenen Augen, weil ihn ein Toter zu Boden geschlagen hatte.

Mit einem Schädel!

Doch erstmal zu mir: Was ich jetzt dringend brauche, ist eine Nervenstärkung. Also Kohlenhydrate. Und Fleisch!

gönndirwosgutsundissheitbratwörscht

Das steht über dem Imbissstand auf dem Weg von der Villa Wahnfried zur Innenstadt.

Und genau da gönne ich mir nun tatsächlich eine echte Bayreuther Bratwurst. In emotionalen Stresszuständen muss ich essen, das befiehlt mir mein Überlebensinstinkt. Es hat seinen Grund, warum ich keine Größe 32 trage.

Die Wurst tut mir gut.

Was mich allerdings stört, ist die lebende Leiche neben mir. Der *gute* Juwelendieb, der eigentlich tot sein müsste – verdammt, ich habe ihn sterben sehen! –, der aber heiter und breit grinsend hinter mir steht und sich auch eine Bratwurst bestellt.

Ich lasse ihn stehen und marschiere mümmelnd auf die Richard-Wagner-Straße zurück. Weil ich immer noch nichts weiter trage als High Heels, einen grünen Oma-Schlüpfer, eine farblich passende Korsage und eine wackelnde, turmhohe Perücke auf dem Kopf, ziehe ich mehr Blicke als sonst auf mich: von einem Taxifahrer, der schräg gegenüber offenbar auf eine Fuhre wartet, von zwei Müttern mit Kinderwägen und Woolworth-Tüten, von einem japanischen Ehepaar mit Kameras, die sie klickend auf mich richten, von einem Straßenkehrer, der gerade eine Rauchpause eingelegt hat, von einer Gruppe Kindergartenkleinkindern mit offenen Mündern und ihren Betreuerinnen, Letztere ebenfalls offenmündig, von einer zahnlosen Bettlerin und von einem Spatz. Bis auf den Spatz halten mich alle sichtlich für einen Freak. Na ja, vielleicht der Spatz auch.

Ich muss hier weg, muss für mich sein ...

Da kommt die Tschu-Tschu-Bahn angefahren. An der Ecke bleibt sie stehen, um abzubiegen. Das ist ein Zeichen des Universums.

„Ich möchte mitfahren", sage ich zum Fahrer.

Die Bimmelbahn ist nur spärlich besetzt, da sehe ich kein Problem. Der Fahrer schon.

„Unterwegseinstiege sind nicht erlaubt", erklärt er – freundlich, aber strikt.

„Es sieht doch keiner", sage ich, was so nicht stimmt, denn der Taxler, die Mütter, der Straßenkehrer, die Bettlerin, die Knirpse und der Spatz starren immer noch in meine Richtung. Nur die japanischen Touristen sind weitergezogen. Wobei sich in diesem Moment zwei weitere Spatzen zum ersten gesellen. Unterm Strich bleibt die Anzahl der Beobachter also gleich.

„Unterwegseinstiege sind nicht erlaubt", wiederholt der Bimmelbahner. Sagt man eigentlich auch Lokomotivführer, wenn es sich um einen fahrbaren Untersatz handelt, der keine Schienen braucht?

Ich seufze.

Dann greife ich in die Korsage, die meinen BH als Bank abgelöst hat.

„Huch, Ihnen ist da ein Stück Papier runtergefallen", sage ich und lasse einen grünen Schein in den Fußraum der Fahrerkabine fallen.

Er brummt und bückt sich, um den Hunderter aufzuheben. Ich nutze die Zeit, um die Sicherungskette im ersten Wagen zu lösen und einzusteigen.

Bevor ich die Kette wieder vorlegen kann, schlüpft der untote Juwelendieb neben mich. Verdammt flink, der Bursche.

Die Tschu-Tschu-Bahn fährt los.

„Wieso sind Sie nicht tot?", frage ich. Natürlich erst, nachdem ich meine Bratwurst ratzeputz aufgegessen habe. Essen ist immer wichtiger als Konversation, auch wenn es sich nicht um sinnfreien Smalltalk handelt, sondern um eine tiefenreligionspsychologische Grundsatzdiskussion. „Die Kugel hat Sie mitten in die Brust getroffen. Ich habe das klaffende Loch gesehen. Ich sehe es immer noch. Es hat sich in meine Netzhaut eingebrannt!"

Mein Zeigefinger bohrt sich – wie zum Beweis, dass ich das alles nicht nur halluziniert habe – in das Loch in seiner Hemdbrust ...

... und stößt auf etwas Hartes.

„Kevlar", sagt er, mümmelnd, weil er nicht so schlingt wie ich. „Der Mangel an Blut hätte Ihnen als Hinweis dienen können. Ich gehe doch nicht ohne kugelsichere Schutzweste zum Treffen mit einem durchgeknallten Kriminellen."

„Wieso haben Sie sich überhaupt mit ihm getroffen?", will ich wissen.

„Weil ich beinahe ausgeflippt bin, als er mich in meinem Hotelzimmer angerufen hat. Woher weiß er, wo ich abgestiegen bin? Ehrlich, das ist unheimlich!"

„Er hat Sie angerufen und auf einen Museumsbesuch eingeladen?"

„Das Freimaurermuseum war meine Idee. Er wollte sich im Park treffen, aber mir war ein Ort lieber, an dem Menschen sind."

„Das Museum ist um diese Uhrzeit doch schon geschlossen."

„Ja, danke, das habe ich dann auch gemerkt. Ich dachte, es sei noch offen." Er schürzt die Lippen. „Aber da war es schon zu spät, um das Treffen abzusagen."

„Hätten Sie ihn nicht einfach am Telefon fragen können, woher er weiß, wie man Sie erreicht?"

„Habe ich ja getan. Er wollte es mir aber nur persönlich erzählen. Und er meinte, er will mir einen Deal anbieten. Das hat mich neugierig gemacht."

„Sie sind also nicht tot?" Ich will nur ganz sichergehen.

Er lächelt. Mit Grübchen. „Ich bin nicht tot." Stilvoll tupft er sich die Mundwinkel mit der Serviette ab, an die er beim Kauf der Wurst im Gegensatz zu mir gedacht hat. Vermutlich habe ich jetzt Fettlippen, die nach Bratwurst riechen. Ist mir aber wurst.

„Woher hatten Sie den Schädel, mit dem Sie ihn niedergeschlagen haben?"

„Aus der Vitrine in der Kabine. Haben Sie den Schädel gar nicht bemerkt?"

„Die Vitrine war aber doch abgeschlossen."

„Hallo?" Er fuchtelt mit seinen langen, geschmeidigen Fingern vor meinem Gesicht herum. Die Finger eines Pianisten. Oder eines Gentleman-Einbrechers.

„Hier", sagt er und reicht mir mein Handy. „Das lag im Museum. Ich hab's an der roten Glitzerhülle erkannt. Haben Sie es vor Schreck über meine Exekution fallen lassen?"

„Ich habe damit nach Ihrem Mörder geworfen!"

„Sehr tapfer", lobt er.

Das Handy wirkt, dank Schutzhülle, unversehrt, aber der Akku ist leer. Ich stecke es in mein Dekolletee. „Danke."

Die Tschu-Tschu-Bahn fährt auf das Gelände der Landesgartenschau zu. Ein kleines Häuflein Menschen steht zur Abholung bereit.

„Und? Hat er Ihnen einen Deal angeboten?", frage ich.

Der Dieb schaut mich an. Er sagt nichts, aber sein Blick spricht Bände. Eigentlich keine Bände, mehr so einen einzigen Satz, den aber durchdringend: *Du warst doch dabei, Kleines.*

„Nein, hat er nicht. Er wollte Sie nur aus dem Weg räumen", fasse ich die Geschehnisse zusammen. Es ist mir nicht peinlich: Besser ein Spätkapierer als ein Garnichtbegreifer. „Und wenn Sie von Berufs wegen nicht so gierig wären, hätten Sie das auch sofort gewusst. Was haben Sie erwartet, dass er halbe-halbe mit Ihnen machen will?"

Er zuckt nur mit den Schultern.

Hinter uns steigen Menschen aus der Tschu-Tschu-Bahn, neue Fahrgäste steigen ein. Und weiter geht die wilde Fahrt. Mit mindestens zehn Stundenkilometern. Wenn nicht sogar fünfzehn. Ich würde ja gern sagen, dass der Fahrtwind die drückende Schwüle, die über der Stadt liegt, erträglicher macht, aber das wäre gelogen.

Und es muss festgehalten werden, dass der Verzehr einer Bratwurst nicht wirklich abkühlend auf den menschlichen Organismus wirkt. Eher im Gegenteil.

Ich schwitze schier unerträglich, obwohl ich nur in Unterwäsche in der Bimmelbahn sitze.

Der Gentleman-Einbrecher bemerkt das und fächelt mir mit der Hand Luft zu.

„Sie sind doch eigentlich ein Guter", sage ich. „Noch ist es nicht zu spät. Stellen Sie sich der Polizei, sitzen Sie die paar Jahre wegen Diebstahls ab, machen Sie einen Neuanfang."

„Vom Gutsein allein kann man nicht leben, das ist wie mit Luft und Liebe", hält er dagegen. „Hören Sie, ich muss Ihnen etwas sagen ..."

Jetzt kommt bestimmt eine Tirade darüber, wie unfair es in der Welt zugeht und dass ich mit meiner Sangesgabe gut reden habe, dass er aber kein Talent in die Wiege gelegt bekommen hat, dass er aber deshalb noch lange keine Lust darauf hat, ohne Luxus zu leben.

„Ich will nichts hören", schmettere ich ihn folglich ab.

„Es ist aber immens wichtig!"

Er hat mit dem Luftzufächeln aufgehört und rutscht auf der Sitzbank herum wie ein Schulbub, der die richtige Antwort weiß und sie der Frau Lehrerin unbedingt mitteilen will.

„Und wenn Sie's mir nicht sagen, platzen Sie? Wissen Sie, was? Ist mir egal. Platzen Sie ruhig. Ich will jetzt sowieso nur noch ins Hotel und ein ausgedehntes Schaumbad nehmen."

Wir sind an der Endhaltestelle vor dem Wittelsbacherbrunnen angekommen.

Er will mir den Ausstieg verunmöglichen, aber ich quetsche mich an ihm vorbei.

„Bitte, es ist wichtig ... Sie müssen das wissen." Er springt mir nach und will mich packen – und ich will ihm mal zugutehalten, dass er mich eigentlich am Arm fassen will, aber weil ich ihm in diesem Moment den Rücken zukehre, greift er stattdessen nach der Schleife, mit der die Korsage am Rücken zusammengebunden ist.

Ich will mich losreißen, ist ja klar, aber sein Griff lockert sich nicht ...

... und was dann passiert, ist wieder mal sehr typisch für meine Auftritte in der Öffentlichkeit.

Als wäre es nicht schon schlimm genug, dass ich in Unterwäsche – wenn auch historisch und noch dazu ästhetisch – dastehe, wird das im nächsten Moment noch getoppt.

Die Schleife der Korsage löst sich, und weil sich in meinem Ausschnitt nicht nur Geldscheine, ein gefaltetes Baumwolltaschentuch und ein Handy befinden, sondern auch der große Messingschlüssel für die Hotelsuite, den man eigentlich abgeben muss, was ich aber nicht getan habe, bekommt die Vorderseite der Korsage plötzlich Übergewicht. Die Rückseite der Korsage springt auf, alles gerät ins Rutschen und gleich darauf drohe ich, oben ohne mitten in Bayreuth zu stehen.

Natürlich bemerke ich das in letzter Sekunde. Ich presse beide Arme unter den Busen, damit die Korsage hält und ja nichts herausquillt, was nicht herausquellen darf, und stolpere nach vorn. In der Vorwärtsbewegung macht sich mein Handy selbstständig, und selbstverständlich will ich nicht, dass es auf dem Steinboden zerschellt, weil das ja in diesem Fall überhaupt keinen Sinn hätte, nicht so wie vorhin, wo ich damit wenigstens einen Beinahe-Mörder hätte ausknocken können, wenn ich ihn denn getroffen hätte, nein, jetzt würde mein Handy grundlos sterben, und das kann ich nicht zulassen, also greife ich mit der rechten Hand danach und presse nur noch mit dem rechten Ellbogen die Korsage an meinen Leib, und das ist für meinen Gleichgewichtssinn zu viel. Ich stolpere noch einen Schritt nach vorn und stoße gegen die wadenhohe Steinmauer des Wittelsbacherbrunnens, was meine Beine zum Stehen bringt, aber meinen Oberkörper leider nicht.

Kurzum: Ich verliere die Balance und stürze kopfüber in den Brunnen.

Keine Sorge, ich überlebe es.

Mein Handy überlebt es auch, weil ich es – einem Instinkt folgend – im Fallen nach oben gehalten habe. Aber die Korsage, die Korsage …

Gleich darauf sitze ich, noch etwas benommen, im Wasser: mit nassem Oma-Schlüpfer und nackten Brüsten, die Hand mit dem Handy weit nach oben gereckt, das Gesicht knallrot angelaufen, als sei ich ein Hummer und das Wasser im Wittelsbacherbrunnen kochend heiß.

Und natürlich wird das von Passanten, Tschu-Tschu-Bahn-Fahrgästen und einem Besucher des Cafés an der Oper, dessen Kamera ein Teleobjektiv besitzt, fotografisch festgehalten.

Einer von ihnen stellt es freundlicherweise auch auf Twitter ein.

Hashtag: *#Divamachtsichnass*

PS: Der Gentleman-Einbrecher ist angesichts der Ereignisse auf einmal überhaupt nicht mehr gentleman-like. Er schüttelt sich vor Lachen, kriegt sich gar nicht mehr ein. Depp!

PPS: Es ist nicht das erste Mal, dass ich in der Öffentlichkeit unabsichtlich strippe, das ist mir schon mal in einer Sauna passiert, aber mitten in der Stadt ist es natürlich eine besondere Demütigung, die mich erstmal völlig fertigmacht. Deswegen bekomme ich auch nicht mit, dass die Touristen, die ihre Handykameras auf mich halten, das kleinere Übel sind. Die weitaus größere Gefahr geht von einem unscheinbaren Männchen aus, das etwas weiter oben an der Litfaßsäule lehnt und mich kopfschüttelnd und leise in sich hineinseufzend beobachtet ...

Pauline über den Dächern

Der Höhenangst ins Auge geschaut – Kartoffelsäcke,
es gibt sie noch!

Das Sportlichste, was mein Jogginganzug je erlebt hat, ist der Schleudergang der Waschmaschine.

Noch dazu ist er nicht schwarz, wie es sich für jeden Dieb, der modisch etwas auf sich hält, gehören würde, sondern neonpink. Dafür ist er von Karl Lagerfeld. Ich habe ihn schon zur Geldübergabe getragen, damals in Bregenz, als sich fiese Dognapper meinen süßen Radames geschnappt hatten. Wie ich glaubte. Aber das ist eine andere Geschichte.

Jedenfalls kann ich nicht in Pink losziehen, wenn ich heute Nacht den Daw'aljarub zurückgeben will. Und ich werde ihn zurückgeben – eine Frau, ein Wort! Wie sagte Yul Brynner als Pharao: *So soll man es schreiben, so soll es geschehen!*

Aber dazu muss ich ganz in Schwarz gehen. Der schwarze Hosenanzug ist allerdings in der Reinigung, die Bröckis Blut hoffentlich wieder rauskriegt. Ich werde mir anders behelfen müssen. Untenrum tun es Leggins, für oben herum brauche ich Hilfe. Ich weiß auch schon, von wem.

Nach meiner peinlichen Brunneneinlage habe ich heiß geduscht, mich ins Bett gelegt und bis Mitternacht durchgeschlafen.

Als ich aufwache, schnarchen neben mir Radames und Arnaldur, und unten auf dem Sofa liegt Papa schlafend vor dem laufenden Fernseher auf dem Sofa. Ich schnappe mir die Kette, die ich tagsüber in dem Beautycase gelagert habe, in dem ich die diversen Jäckchen und Mäntelchen für Radames transportiere – und nein, der Diamant ist da drin nicht erstickt –, und trete in den Hotelflur.

Barfuß, nur mit schwarzen Leggins und einem schwarzen Spitzen-BH bekleidet, in dem ein paar Scheine und mein frisch aufgeladenes Handy stecken.

Ist mir egal, ob mich wer sieht. Das ist das Schöne, wenn man ganz unten ist, tief unten, wo man oben ohne in einem öffentlichen Brunnen fotografiert wurde – schlimmer kann es danach nicht mehr kommen.

Die Kette mit dem Daw'aljarub liegt um meinen Hals. Wenigstens einmal will ich ihn getragen haben.

Aus dem Zimmer von Bröcki dringen Schüsse.

Das hätte angesichts der Tatsache, dass der mörderische Dieb noch auf freiem Fuß ist, zu einer abrupten Herzattacke meinerseits führen können. Aber weil gleichzeitig Ennio-Morricone-Musik läuft, fürchte ich nicht um das Leben von Bröcki, sondern schlussfolgere messerscharf, dass sie sich einen ihrer geliebten Spaghetti-Western reinzieht.

Ich stoße die Tür auf, die unverschlossen ist, was wir extra ausgemacht haben, falls sie überraschend in ihrem schrotdurchsiebten Hintern oder dem angeschossenen Ohrläppchen eine Blutvergiftung bekommt und rasch ein Notarzt zu ihr muss, trete ein ...

... und torkele jählings zurück in den Flur.

„Oh mein Gott, oh mein Gott ...", kreische ich.

Yves reißt seine Tür auf. „Was ist passiert?"

Ich stehe – erst kreidebleich, dann feuerrot – im Flur und starre in Bröckis Zimmer. Die Morricone-Musik verstummt.

Yves stellt sich neben mich und folgt mit seinen Augen meiner Blickrichtung, aber das, was ich eben gesehen habe und nie-nie-nie mehr werde von meiner Netzhaut löschen können, ist nicht mehr zu sehen.

Bröcki hat sich die Bettdecke bis ans Kinn gezogen. Pittertatscher steht am Fenster und trinkt aus einer Wasserflasche. Um seine Hüften hat er jetzt ein Badetuch geschlungen.

„Ich wusste nicht, dass du da bist." Das ist mein Versuch einer Entschuldigung. Theoretisch ist mir nämlich schon bewusst, dass man anklopft, bevor man fremde Schlafzimmer betritt, selbst wenn man der festen Überzeugung ist, es würde sich nur eine Person darin befinden.

„Hast du etwa geglaubt, ich würde einfach lässig weiter in Salzburg meinen Dienst schieben, obwohl auf meine Verlobte geschossen wurde?"

Darüber habe ich nicht nachgedacht, ich hatte schließlich anderes um die Ohren. Aber bevor ich das aussprechen kann, ruft Yves: „Warum hast du denn so geschrien? Ich dachte schon, es wird jemand abgeschlachtet!"

„Es war nichts", lüge ich rasch. Ich will kein Wort darüber verlieren und kann nur hoffen, dass ich das Bild irgendwann alterssenil vergessen werde. Nur so viel: Was meine kleinwüchsige Freundin mit ihrem Zwei-Meter-Verlobten praktiziert hat, lässt die indischen Turner aus dem Kamasutra alt aussehen ...

Ich sehe ein schwarzes Shirt, das nachlässig auf den Beistelltisch geworfen wurde.

„Leihst du mir dein T-Shirt?", frage ich Pittertatscher.

„Wie bitte?" Er schaut mich fassungslos an. Wenn ich verreise, dann immer mit zwei Schrankkoffern. In Worten: zwei. Die Vorstellung, dass ich trotzdem nicht genug zum Anziehen habe und mir deswegen sein getragenes Shirt ausleihen will, übersteigt sein Fassungsvermögen.

„Ich brauche was Schwarzes, und die Sachen von Bröcki und Yves passen mir nicht."

„Wozu brauchst du was Schwarzes?"

„Ist doch egal ... gib ihr das Shirt, dann sind wir sie los", haucht Bröcki mit verführerischer Mata-Hari-Stimme.

„Okay." Pittertatscher runzelt die Stirn. Er ist Kriminaler bei der Mordkommission und er kennt mich nun schon seit zwei Jahren – er wittert, dass ich etwas vorhabe, was er offiziell nicht gutheißen kann. Aber auch ein Kommissar ist nur ein Mensch, und wenn er mich jetzt fragt, was genau ich plane, dann muss er ja womöglich eingreifen, aber er will nur eines – und zwar, dass Yves und ich verschwinden und er mit dem weitermachen kann, wobei er eben so rüde unterbrochen wurde.

Er drückt mir das Shirt in die Hand und knallt die Zimmertür zu.

Ich höre, wie der Schlüssel im Schloss umgedreht wird.

Ich schlüpfe in das Shirt, das sich wie eine Wurstpelle um meine drallen Formen schmiegt.

Yves kichert. „Hast du das gesehen, was ich glaube, dass du gesehen hast? War es sehr schlüpfrig?"

„Werd erwachsen!" Ich schiebe den humpelnden Yves in sein Zimmer. „Du hast doch schwarze Espadrilles, oder? Die musst du mir leihen."

„Wie komme ich dazu?"

„Weil ich die blöde Kette zurückbringen will, damit du nicht in den Knast musst. Du erinnerst dich? Du: Dieb. Ich: Mutter Teresa."

Yves guckt ernüchtert. *„Oui, je me souviens,* verzeih. Du bist eine gute Freundin."

„Sehr richtig." Ich folge ihm zum Schrank. „Und das mit dem Studiengeld kriegen wir auch noch geregelt."

„Das habe ich schon geregelt." Auf einmal klingt Yves abwehrend.

„Wie denn?"

„Mein Problem, meine Lösung."

Ich rolle mit den Augen. „Yves, du bist nicht zum Kriminellen geboren und ich kann dir nicht ständig aus den Patschen helfen, in die du dich hineinmanövrierst."

„Das wird auch nicht nötig sein. Ich wechsle den Beruf."

Yves zieht ein paar schwarze Espadrilles aus dem Schrank.

„Du wechselst den Beruf? Du hast doch nichts gelernt außer Sänger."

Ich setze mich auf sein Bett und versuche, in die Espadrilles zu schlüpfen. Es zeigt sich, dass wir ... äh ... nicht ganz dieselbe Schuhgröße haben.

„Es gibt Berufe, die muss man nicht erlernen, die kann man intuitiv."

„Oh bitte, das Einzige, was du intuitiv kannst ..." Ich erstarre.

Er schaut zur Stuckdecke hoch. Aber ich bin mir sicher, er sollte bei dem, was ihm vorschwebt, eher zu den floral gemusterten Zierkissen auf dem Bett schauen.

„Yves? Sag, dass das nicht wahr ist!", flehe ich.

Er schweigt bockig.

„Yves, du willst dich prostituieren?"

„Natürlich nicht!" Er verschränkt die Arme und schaut empört. „Ich biete mich wohlhabenden Damen als Escort an."

„Wo genau ist da der Unterschied?"

„Im Niveau!"

„Yves, du hast doch schon genug uneheliche Kinder."

„Das habe ich bedacht. Meine Lösung: Ich biete mich nur Frauen jenseits der Wechseljahre an."

Ich atme hörbar aus.

„Du stellst dir das zu leicht vor ...", fange ich an, werde aber von ihm unterbrochen.

„Es *ist* leicht. Meine erste Kundin habe ich schon. Hannelore."

„Äh ... du willst für Geld mit der Frau schlafen, der du den Schmuck geklaut hast?"

„Welcher sich nicht mehr in meinem Besitz befindet. Deshalb ist das moralisch kein Problem."

„Wir müssen dringend über deine Definition von moralisch reden. Aber nicht jetzt." Ich stehe auf. „Jetzt bringe ich den Daw'aljarub seinen chinesischen Besitzern zurück. Die Schuhe gebe ich dir hinterher wieder."

„Du musst sie mir nicht zurückgeben, verbrenn sie einfach."

„Aber die sind doch noch gut."

„Äh ... wenn du sie erstmal getragen hast, sind sie so dermaßen ausgeleiert, dass sie mir nicht mehr passen werden."

Er duckt sich, weil eins der Zierkissen angeflogen kommt.

Ich stakse aus dem Zimmer. Yves hat natürlich recht: Seine Schuhe sind mir zu eng. Ich werde es büßen müssen, dass ich unbedingt ganz in Schwarz die Rolle der Meisterdiebin spielen will. Besser gesagt: der Meister-Diebesgut-Zurückbringerin.

„Pauline ...", ruft mir Yves hinterher.

Ich drehe mich um.

„*Merci. Merci mille fois.* Du bist die Beste." Sein Adamsapfel hüpft vor Rührung.

Wenn ich einen Adamsapfel hätte, würde der jetzt auch hüpfen.

Ich werfe ihm eine Kusshand zu und mache mich frohgemut daran, die Superheldin zu spielen.

Da weiß ich aber auch noch nicht, dass ich keine Viertelstunde später, auf der menschenleeren Gasse vor dem Haus des Chinesen, einen Kartoffelsack übergestülpt bekomme und dass mir, als ich mich wild wehre, mit einem stumpfen Gegenstand auf den Kopf geschlagen wird.

Zack.

Licht aus!

Singe, wem Gesang gegeben

Stephen King ist schuld – Dein ist mein ganzes Herz –
Sündenbock wird zur Schlachtbank geführt

Als ich aufwache, ist um mich herum alles schwarz. Mein Kopf tut höllisch weh. Ich fühle mich schrecklich.

Ich liege auf einem kalten, steinigen Untergrund. Wo bin ich? Wurde ich in ein dunkles Kellerloch entführt, wo mein Kidnapper mir Unaussprechliches antun will? Und wie lange war ich bewusstlos? Stunden? Tage?

Da plötzlich ...

... sehe ich ein gleißendes Licht in Höhe meines Bauchnabels. Das berühmte Licht am Ende des Tunnels? Warten dort meine geliebte Oma, mein Meerschweinchen Pippa und mein ehemaliger Mathelehrer auf mich?

Mir ist nicht gut. Ich glaube, ich muss mich übergeben.

Das Licht wird größer. Schnell, ich sollte Frieden schließen. Mit meinem Schicksal. Mit Gott. Ich krame in meinem Gedächtnis nach einem passenden Gebet für die letzten Lebensmomente, werde aber nicht fündig. So was haben wir im Kinderbibelkreis nie geübt. *Vater, segne was du uns bescheret hast*, mehr fällt mir nicht ein.

„Alles in Ordnung?", ruft es hinter dem gleißenden Licht.

Ich stutze.

„Das tut mir echt leid, so hatte ich das nicht geplant", versichert die Stimme.

Die Dunkelheit um mich herum lüpft sich, je mehr ich zu mir komme. Das gleißende Licht erweist sich als

Taschenlampenfunktion seines Handys. Die er gleich darauf ausschaltet.

Ich richte mich auf die Ellbogen auf. Meine Schläfen pochen, in meinen Ohren rauscht es. Meine Augen gewöhnen sich an das schwache Licht und ich merke, dass ich – entgegen meiner Erwartung – nicht in einem Kellerverlies mit Folterwerkzeugen liege, sondern immer noch in der Gasse.

Ein Blick zur Turmuhr lässt mich wissen, dass ich keine sechzig Sekunden ausgeknockt war. Irgendwie ist das enttäuschend, weil unspektakulär.

Ich fasse mir an den pochenden Kopf und stöhne.

„Ach herrje, Sie haben bestimmt schreckliche Schmerzen. Das tut mir ja so leid. Hoffentlich gibt das keine hässliche Beule. Ich gebe Ihnen gleich ein Aspirin. Darf ich Ihnen aufhelfen?"

Mein Angreifer ist kleiner als ich und auch nur halb so breit. Ich schätze ihn auf Mitte, Ende vierzig.

„Ich kenne Sie nicht!" Fast klinge ich enttäuscht. Ich war mir so sicher, dass mich der Neunfingermann niedergeschlagen hat. Ich habe sonst keine Feinde. Außer vielleicht das Hermännchen.

Aber nein. Mein Gegenüber ist mir gänzlich unbekannt.

Das Männchen ist blass, schütterhaarig und trägt eine gepunktete Fliege zum beigen Cordsamtanzug. Er entspricht nicht dem gängigen Kriminellen-Klischee. Optisch jedenfalls nicht, in seinem Verhalten schon. Kaum hat er mir nämlich auf die Beine geholfen, zückt er rote Plüschhandschellen, mit denen er mir die Hände auf dem Rücken fixiert. Das geht so schnell, dass ich nicht mal „Was soll denn das?" rufen kann.

„Es tut mir wirklich entsetzlich leid", wiederholt er in einem Tonfall, den man nur als glaubhaft bezeichnen kann. „Ich hätte Sie zu gern zu meinem Wagen getragen, aber Sie sind zu schwer für mich."

Die Mischung aus Angst, Empörung und Unverständnis, die angesichts der jüngsten Ereignisse in mir tobt, verwandelt sich in Ärger. Es reicht ja wohl, dass ich gerade entführt werde, da müssen es nicht auch noch Anspielungen auf mein Gewicht sein. Hätte dieser Hänfling in seinem jämmerlichen Leben mehr Krafttraining betrieben, dann könnte er mich auf einer Hand zu seinem Wagen tragen!

„Es ist nicht weit, ich parke gleich dort drüben." Er nimmt mich am Ellbogen und zieht mich zu einem dunkelgrünen Jaguar.

Immerhin werde ich stilvoll entführt!

„Ich steige auf gar keinen Fall in den Kofferraum", erkläre ich prophylaktisch.

„Das würde ich doch nie und nimmer von Ihnen verlangen, gnädige Frau!" Er wirkt hochgradig empört, als hätte ich ihm Pädophilie oder Nikotinsuchtbefriedigung in einem öffentlichen Restaurant unterstellt.

Der Schlag hat mir mehr zugesetzt, als ich dachte. Benommen schaue ich mich um. Bringt es was, wenn ich jetzt um Hilfe rufe? Nein, nirgends brennt Licht. Und bis die braven Bürger von Bayreuth, von meinem Gebrüll aus dem Schlaf gerissen, zu sich kommen und realisieren würden, was hier passiert, hätte er mich schon in den Wagen gesetzt und wäre mit mir über alle Berge.

Auf der Rückbank des Jaguar sehe ich ein großes, weißes Schaffell. Er will, dass ich es bequem habe. Das ist ja eigentlich sehr nett. So viel Rücksichtnahme hätte ich von einem Entführer gar nicht erwartet.

Wie sich herausstellt, soll ich mich aber nicht *auf* das Schaffell legen, sondern darunter. Und außerdem muss ich feststellen, dass es als Entführungszudecke zweckentfremdet wurde, seine eigentliche Bestimmung ist es, Hundedecke zu sein. Das schließe ich aus dem noch feuchten, klebrigen Sabber und den vielen Bernhardinerhaaren.

Ich will protestieren, aber das Männchen stopft mir eine zusammengerollte Socke in den just geöffneten Mund. Immerhin eine frisch gewaschene, die nach aprilfrischem Weichspüler schmeckt.

Ich sehe ihn an, er sieht mich an.

Ich spucke die Socke wieder aus.

Damit hat er nicht gerechnet. Es ist ihm deutlich anzumerken, dass er kein Paketklebeband dabeihat. Ich grinse und hebe verächtlich eine Augenbraue.

Er sammelt die Socke wieder ein, die auf dem Schaffell gelandet ist, weswegen jetzt natürlich Sabber und Hundehaare an ihr kleben, und will sie mir erneut in den Mund stecken. Für wie blöd hält der mich?

Ich presse die Lippen zusammen. Rasch huscht sein Blick nach links, dann nach rechts, dann starrt er mich wieder an. Vermutlich geht er seine Optionen durch.

In der Ferne nehme ich eine schwankende Gestalt wahr. Vermutlich ein kampftrinkender Jugendlicher auf dem Heimweg, aber egal. Er wird den Notruf wählen oder wenigstens alles mit seinem Handy filmen. Ich hole tief Luft, wie ich es immer tue, wenn ich großes Klangvolumen erreichen will, und öffne den Mund, um mit einem donnernd geschmetterten Ton in A-Dur auf mich aufmerksam zu machen, aber da habe ich schon die Socke im Mund. Der Wicht ist verdammt schnell. Ich spucke sie natürlich wieder aus und zuzele mir anschließend mit der Zunge die Hundehaare aus den Zahnzwischenräumen.

„Gut, dann muss es so gehen." Glücklich ist er mit dem Ausgang der Socken-Sache nicht. Er wirft das

Schaffell über mich, setzt sich ans Steuer und fährt los. Ob der Besoffene das noch mitbekommen hat?

Mein Ärger weicht einer dumpfen Besorgnis. Was will der Entführer mir antun? Ein Schicksal, das schlimmer ist als der Tod, fürchte ich nicht. Mehr so den richtigen, endgültigen Tod.

Und falls er es auf Geld abgesehen haben sollte, wird er schwer enttäuscht sein: Ich bin noch nicht lange genug berühmt, um ein kugelrund gemästetes Sparschwein mein Eigen zu nennen. Im Gegenteil, ich zahle immer noch meine Studiengebühren an der Juilliard ab.

Mittels Telepathie versuche ich, Kontakt zu Bröcki aufzunehmen. Ich kann sie vor mir sehen, meinen Grummelzwerg, wie ich sie immer liebevoll nenne, weil sie a) meist schlecht gelaunt und b) kleinwüchsig ist. Aber vielleicht hätte ich mich all die Jahre politisch korrekter ausdrücken sollen, denn ich spüre keine telepathische Verbindung. Womöglich, weil sie gerade damit beschäftigt ist, mit ihrem Pittertatscher sämtliche indischen Liebesspielstellungen durchzuprobieren.

Ich ahne auch, dass Bröcki, sobald sie erfährt, dass ich entführt wurde, lapidar verkünden wird: „Wer die Pauly entführt, der bringt sie ruckzuck wieder zurück. Mit der hält man es nicht lange aus."

Und sollte ich doch nicht zurückgebracht werden, sucht sie sich einfach eine andere Sängerin, die sie als Agentin vertreten kann. Womöglich das Hermännchen!

Jetzt bin ich wieder zornig, was gut ist. Man kann nicht gleichzeitig ängstlich und wütend sein. Ich strampele mit den Füßen.

„Wir sind gleich da", ruft mein Entführer vom Fahrersitz.

Rein vom Gefühl her würde ich sagen, dass der Jaguar erst nach links, dann nochmal nach links, dann leicht bergab, dann rechts, dann geradeaus, dann wieder bergauf fährt und zu guter Letzt nach links abbiegt und stehen bleibt. Wir müssten laut meinem inneren Kompass in dem Wohngebiet in der Nähe des Festspielhauses sein.

Mein Entführer steigt aus, holt etwas aus dem Kofferraum, öffnet die Hintertür und schlägt das Schaffell zurück.

„Was jetzt kommt, tut mir wirklich leid. Aber ich muss Vorsichtsmaßnahmen ergreifen, das verstehen Sie sicher. Wir frisieren Sie hinterher auch wieder schön, versprochen!"

Ich *hmpfe* ungnädig, aber da hat er mir schon wieder den Kartoffelsack über den Kopf gestülpt.

Einen Kartoffelsack!

Das geht alles so schnell, dass ich meine Umgebung kaum wahrnehmen kann. Ich habe ein mehrstöckiges, rotes Gebäude gesehen, mit einem Baum davor und dem allgegenwärtigen Wagner mit ausgebreiteten Armen auf einem Steinsockel vorn an der Straßenecke.

Du musst dir jedes Detail merken, mahne ich mich mit lautlosen Lippenbewegungen unter dem Kartoffelsack. *Falls dir die Kontaktaufnahme mit der Außenwelt gelingt, musst du beschreiben können, wo du festgehalten wirst.*

Ich präge mir also ein, dass ich ein Knirschen wie von Kieselsteinen unter meinen zu engen Espadrilles spüre, dass es sieben Schritte bis zur Haustür sind, dass es im Hausflur nach Bohnerwachs riecht, dass wir auf knarzenden Holzstiegen zwei Stockwerke zu Fuß nach oben gehen. Das alles brennt sich auf ewig in mein Gedächtnis ein. Es wird der Polizei helfen, den genauen Aufenthaltsort meines Entführers ausfindig zu machen, da bin ich ganz sicher.

Oben angekommen – jeder Schritt brennt wie die Hölle, verdammte Espadrilles – zieht mir mein Entführer den Kartoffelsack vom Kopf. „Ach herrje", sagt er und begutachtet meine Frisur, die offenbar Schaden genommen hat.

Wir stehen im Treppenhaus. Weiße Wände, dunkle Holztreppe, schwarz-weiß-gekachelte Fliesen vor der Wohnungstür. Neben der sich ein Namensschild befindet. **Rankowski**.

Das krampfhafte mnemotechnische Merken von Einzelheiten hätte ich mir sparen können. *Wie blöd kann man sein? Jetzt kenne ich seinen Namen!*

Und gleich darauf dämmert mir: Wenn er zulässt, dass ich seinen Namen erfahre und weiß, wie er aussieht, dann werde ich hier nicht lebend wegkommen.

Das war's dann wohl. Ich werde meinen geliebten Radames niemals wiedersehen. Ich werde nie die Chance erhalten, Maria Callas im Gedächtnis der Opernwelt als *Diva assoluta* abzulösen. Möglicherweise kullert in diesem Moment eine Träne aus meinem Augenwinkel.

Mein Entführer schließt die Wohnungstür auf. „Bitte, fühlen Sie sich wie zu Hause", sagt er und führt mich am Ellbogen durch einen langgestreckten Flur. „Ich habe schon alles vorbereitet."

Was hat er vorbereitet? Eine Streckbank? Einen Waschzuber fürs Waterboarding? Einen Beistelltisch mit frisch sterilisierten chirurgischen Instrumenten? Will er mich häuten, meine Haut trocknen und sie zu Halloween als Kostüm tragen? Ich bin doch viel zu groß für ihn!

Wir betreten das Wohnzimmer.

Wird er mich hier töten, hier zwischen ... Ich sehe mich um. Jugendstilmöbel aus Nussbaumholz, nackte

Art-Deco-Figurinen aus Bronze, rote Samtvorhänge, ein Grammophon, eine kleine Zimmervoliere mit einem ausgestopften Kakadu. ... *hier zwischen all diesen Geschmacklosigkeiten?*

Mittig im Raum steht ein Lehnstuhl, neben dem einige Seidentücher liegen. Mein Entführer drückt mich auf dessen Sitzfläche.

„Kann ich Ihnen eine Erfrischung anbieten?", fragt er, während er mir die Plüschhandschellen abnimmt und mich anschließend mit den Seidentüchern an den Armlehnen und Beinen des Stuhles festbindet. „Etwas zu knabbern? Oder etwas zu trinken?"

Warum kickt sie dem Wicht nicht in die Weichteile und läuft davon?, werden Sie sich fragen.

Nun, ich vergaß zu erwähnen, dass auf dem wuchtigen Jugendstilsofa – unter einem Ölgemälde von Jesus, der segnend die Hände ausbreitet, und seiner Mutter Maria, die ihm über die Schulter schaut – eine alte Dame sitzt, die einen ebenso alten Wehrmacht-Revolver in der Hand hält.

„Ein Glas Champagner? Oder auf den Schreck doch lieber einen Weinbrand?" Mein Entführer hat mich festgeschnürt und richtet sich auf.

Jetzt könnte ich schreien, aber wer sollte mich hören? Die Nachbarn? Vielleicht sind die Schreie aus seiner Wohnung gewöhnt. Oder die Wände sind schalldicht. Außerdem könnte der Alten vor Schreck der Finger am Abzug zucken ...

Den Entführer würdige ich natürlich keiner Antwort.

„Ich denke, es sollte doch Champagner sein, nicht wahr, gnädige Frau? Man hat ja Standards." Er strahlt mich an. „Ich habe auch extra *Pol Roger* besorgt. Das ist doch Ihr Lieblings-Champagner, nicht wahr?" Er wendet sich an die alte Frau, die ein dunkelgrünes Brokatkleid mit Nerzkragen trägt. „Mutter, du kannst Papas Revolver jetzt weglegen. Ich hab doch gleich gesagt, dass wir ihn nicht benötigen werden."

Die Alte rührt sich nicht. Sie starrt mich absolut blinzellos an. Ich frage mich, ob sie ebenso ausgestopft ist wie der Kakadu in der Voliere? Und ob mein Entführer womöglich Taxidermist ist und mir ein ebensolches Schicksal blüht?

Aber erstmal kommt er nach kurzer Abwesenheit mit einem silbernen Sektkühler, zwei Gläsern und einer Flasche *Pol Roger* zurück. „Der Lieblings-Champagner von Winston Churchill und Pauline Miller. Bei meiner lieben Mama und mir kommt nichts anderes auf den Tisch."

Mir liegt so viel auf der Zunge, was ich sagen will, in erster Linie Lästerliches, zudem trinke ich am liebsten *Taittinger*, aber natürlich halte ich mich zurück. Man weiß nie, welches kleine Wort einen Verrückten dazu bringt, völlig durchzudrehen und Dinge zu tun, die sich nicht wiedergutmachen lassen ...

„Wir sind seit langem große Bewunderer Ihrer Kunst", fährt der Wicht fort. „Nicht nur das, was man neumodisch *Fan* nennt, nein, echte Verehrer Ihres künstlerischen Schaffens, gnädige Frau. Mama, möchtest du Frau Miller nicht unser Album mit Eintrittskarten, Programmheften und Fotos zeigen?"

Mama möchte nicht.

Eigentlich wirkt er sehr kultiviert. Sein beiger Tweedanzug ist jetzt nicht die Krone männlichen Modebewusstseins und würde Pariser Couturiers anzunehmenderweise die Tränen in die Augen treiben, aber immerhin sitzt der Anzug, ist sauber und gebügelt. Und die Schuhe sind auf Hochglanz poliert. Und er weiß meine Arbeit zu schätzen.

„Schon als ich zum ersten Mal Ihre Stimme hörte, sagte ich zu meiner lieben Frau Mama: Mutter, sagte ich, diese Frau Miller wird die Stimme des Jahrtausends."

Mir wird ganz anders. Jetzt bin ich mir absolut sicher, dass er mich ausstopfen wird, um ‚die Stimme des Jahrtausends' in seiner musealen Bude auszustellen. Neben all den halbnackten Art-Deco-Figurinen. Ich hätte meinen Lieben beim Abschied sagen sollen, was ich für sie empfinde. Man sollte das jeden Tag tun! Man weiß ja nie, wann so ein Spinner daherkommt und einen taxidermieren will.

Mein Entführer schenkt ein und realisiert gleich darauf, dass ich – gefesselt, wie ich bin – nicht trinken kann. Es denkt in ihm.

„Junge, der Schampus wird warm!", herrscht es vom Sofa.

Die Alte lebt! Immerhin.

Jetzt erst sehe ich, dass der segnende Jesus in Öl die Gesichtszüge meines Entführers trägt und Maria die seiner Mutter. Himmel hilf!

Der Kidnapper hält mir das Glas an die Lippen. Die ich nicht öffne. Obwohl meine Mundhöhle so trocken ist wie die Namib-Wüste. Ich leiste aktiven Widerstand, das ist jetzt eine Frage der Ehre. Das kostbare Nass rinnt über mein Kinn und tropft in den U-Boot-Ausschnitt des Leih-Shirts.

„Wie ungezogen!", näselt die Alte auf dem Sofa. „Früher hätten wir es nicht gewagt, uns als Gast dermaßen danebenzubenehmen."

Ich möchte „Ich bin hier nicht zu Gast!" nölen, aber sie hält immer noch die Wehrmachtsknarre in meine Richtung, darum verkneife ich mir jedweden Kommentar.

„Mutter, wir dürfen nicht vergessen, dass Frau Miller unter großem Druck steht."

Na, wenigstens der Entführer hat es kapiert.

„Schließlich ist in wenigen Tagen Premiere. In einer solchen Situation können sich wahre Künstler wie Frau Miller nicht an kleinbürgerliche Konventionen halten, da gelten andere Maßstäbe."

Nein, er hat es nicht kapiert. Aber wenigstens entfernt er das Glas von meinen Lippen. Sehr viel länger hätte ich der Versuchung nicht widerstehen können. Wir sprechen hier von *Champagner*, Leute! Ich bin auch nur ein Mensch ...

Der Entführer schenkt seiner Mutter und sich selbst ein, dann setzt er sich auf einen Palisander-Hocker im Thonet-Stil. Das Wohnzimmerinterieur hat er entweder unverändert vom Urgroßvater geerbt oder mühsam auf eBay zusammengekauft. Jedenfalls ist ausnahmslos alles jugendstilig und verströmt in seiner Komplettheftigkeit die Aura eines Einrichtungsmuseums.

„Liebe Frau Miller", fängt mein Entführer an, nachdem er das erste Glas auf einen Zug geleert hat und sich gleich ein zweites einschenkt, sichtlich, um sich Mut anzutrinken. „*Liebste* Frau Miller, ich hoffe, Sie verzeihen meiner lieber Frau Mama und mir diese Intervention." Er leckt sich nervös über die Unterlippe.

Was für eine Intervention? Hält er mich für eine Alkoholikerin? Will er Feuer mit Feuer bekämpfen, also Champagnersucht mit Champagner?

Er schüttelt den Kopf, als hätte er meine innere Stimme gehört. „Sehen Sie sich nur an, teuerste Pauline. Darf ich Sie Pauline nennen? Ein T-Shirt. Leggins, Espadrilles. Wo ist Ihr Stilempfinden, Ihre Grandezza geblieben?"

Die Alte auf dem Sofa macht „Ts, ts, ts".

Da ich den beiden schwerlich erläutern kann, dass ich sonst nichts Schwarzes besitze, ich aber für meine Diebesgut-Rückgabeaktion möglichst eins mit der Nacht werden wollte, halte ich einfach den Mund. Zugegeben, leicht fällt mir das nicht.

Ob ich mich freikaufen kann? In meinem BH befindet sich ein Hunderter. Aber wenn die beiden genug Geld haben, um sich als Jesus und Maria für die Ewigkeit in Öl festhalten zu lassen, werden hundert Euro für sie kein Anreiz sein.

Kann man sie eventuell mit einem der teuersten Diamanten der Welt locken? Ich trage immer noch den Daw'aljarub um den Hals. Den ich loswerden will. In wessen Hände er letztlich gerät, ist mir egal.

Aber da spricht der Wicht schon weiter.

„Ich kann Ihnen auch sagen, woher das kommt, dass Sie auf einmal so fahrig wirken und auch stimmlich nachgelassen haben."

„Stimmlich nachgelassen?", gelle ich. Eine solche Frechheit kann ich nicht stumm duldend ignorieren. „Ich singe derzeit eine der schwierigsten Rollen der Operngeschichte und ich singe sie mit Bravour! Das sagen alle!" Alle bis auf das Hermännchen.

Der Entführer nestelt an seinem Kragen. Leicht fällt ihm diese Intervention offenbar nicht. „Bitte verstehen Sie mich nicht miss, verehrte gnädige Frau. Sie sind immer noch besser als jede andere Sopranistin ..."

„Bis auf Elisabeth Schwarzkopf. Elisabeth Schwarzkopf war besser", mischt sich Frau Mama ein.

Ihr Sohn rollt mit den Augen und zuckt, um Verzeihung heischend, mit den Schultern. „Aber Sie haben nachgelassen. Zum Wohle der Kunst muss ich so offen mit Ihnen sprechen! Nachdem ich Ihre Karriere seit den Anfängen minutiös verfolgt habe, weiß ich, wann der Schnitt eintrat – wann Sie anfingen, sich von der reinen Kunst abzuwenden und sich dem schnöden Leben einer Normalsterblichen zuzuwenden. Als dieser ... Mensch in Ihr Leben trat!" Es klingt vorwurfsvoll und ist auch so gemeint. Jetzt spuckt er beim Sprechen. Ich bekomme das leider nur allzu deutlich zu spüren, weil er nämlich nicht weit genug von mir weg sitzt.

Die Alte klopft mit der Knarre auf die Tischplatte. Ihr Glas ist leer. Mein Entführer springt rasch auf und gießt nach.

Dann fährt er fort. „Früher waren Sie wie eine Nonne, Sie waren mit Ihrer Kunst verheiratet. Jetzt aber geben Sie sich fleischlichen Genüssen hin, und ich muss leider sagen, dass man das überdeutlich hört."

Meine Augenbrauen schießen nach oben. Wenn er das noch ein einziges Mal wiederholt, vergesse ich mich. Dann werde ich zum Hulk. Dann sprenge ich meine Fesseln und mache hier alles dem Erdboden gleich. Ich pumpe schon mal Luft.

„Wenn ich Ihnen das kurz demonstrieren dürfte?" Er geht zum Grammophon, legt eine Platte auf – ja, mich gibt es auf Vinyl – und senkt vorsichtig die Nadel.

Es knistert.

Gleich darauf hört man Dido lamentieren. Dido ist eine Figur aus Henry Purcells Oper *Dido und Aeneas*. Eine meiner ersten Plattenaufnahmen, obwohl ich damals eigentlich noch nicht dafür bereit war. Weder stimmlich noch von der Lebenserfahrung her. Aber unter Berücksichtigung aller Faktoren gar nicht so schlecht gesungen.

Mein Entführer hat sich wieder auf dem Hocker niedergelassen und lauscht andächtig. Die Alte auf dem Sofa trinkt schlürfend ihr Glas leer. Die Knarre hat sie in den Schoß gelegt. Wenigstens muss ich jetzt keine Angst mehr haben, dass sich versehentlich ein Schuss löst.

„So singen Engel", ruft mein Entführer, als der letzte Ton verklungen ist. „Himmlische Sphärenklänge aus dem Mund eines der größten Talente, die es je gab."

Unter anderen Umständen hätte ich ihm angesichts einer solchen Hommage eine Kusshand zugeworfen. Aber das Lob will nicht runtergehen wie Öl, es bleibt stecken.

„Doch dann das ..." Er schaut mich aus traurigen Augen an und hebt eine andere Plattenhülle hoch. *Turandot*. Eine Aufnahme von den Festspielen in Bregenz letzten Sommer. Als ich mich in Arnaldur verliebte.

Hat er das ernst gemeint, von wegen: Nur Nonnen singen rein? Und geht er davon aus, dass ich vor Arnaldur und dem Bodensee noch jungfräulich war?

Erneut erklingt meine Stimme. Technisch perfekt, wenn ich das selbst sagen darf. Und, wie ich finde, auch vom emotionalen Ausdruck her erste Sahne.

Mein Entführer sieht das anders. Er heult fast.

„Was für ein Unterschied!", lamentiert er und schaut mich an. „Hören Sie das denn nicht?"

Ich schließe die Augen und zähle innerlich bis zehn. Dann bis zwanzig. Es gibt nicht viel, was mich zu einer heftigen Reaktion veranlasst. Nicht viel, aber Kritik jedes Mal.

Während ich innerlich koche und zweifellos langsam rot anlaufe, sackt der Alten drüben auf dem Sofa der Kopf in den Nacken. Das sehe ich, als ich die Augen wieder öffne.

Der Entführer starrt mich an, als würde er auf eine Antwort warten. Wie lautete doch gleich die Frage?

„Ich spiele es Ihnen am besten nochmal vor. Achten Sie auf die Nuancen!" Er wechselt wieder die Platten. Dido lamentiert. Zu leisen Schnarchgeräuschen vom Sofa. Dann lässt er nochmals Turandot jammern. Schon auffällig, wie viele Opern-Heroinen an Seelenqualen leiden.

Mir fallen in meinen beiden Darbietungen unzählige Nuancen auf, aber keine amourös bedingten Qualitätsunterschiede.

„Ich bitte Sie, das *müssen* Sie doch hören! Gleich nochmal", ruft mein Entführer.

Man hat im Leben ja nicht oft Gelegenheit, den Begriff der Unendlichkeit am eigenen Leib zu spüren. Und zu spüren. Und zu spüren. Und zu spüren.

Ich verliere jedes Zeitgefühl. So werde ich mir von nun an die Hölle vorstellen: meine eigenen Arien in Endlosschleifen anhören zu müssen, ohne weglaufen zu können. In diesem Moment bin ich mir nicht sicher, ob ich jemals wieder werde singen können.

Irgendwann verschwimmt alles – das Schnarchen wird eins mit der Musik, das Ganze unterlegt mit der ständig wiederholten Frage meines Entführers: „Das müssen Sie doch hören? Hören Sie das nicht? Das müssen Sie doch hören!"

„WAS WOLLEN SIE EIGENTLICH?", brülle ich schließlich entnervt.

Die Alte auf dem Sofa schreckt hoch. Mein Entführer schreckt zusammen. Mir ist, als würde sogar der ausgestopfte Kakadu zucken.

„Was genau wollen Sie von mir?", frage ich erneut, schon etwas ruhiger. Vielleicht lässt er mich gehen, wenn ich mit ihm interagiere, wenn ich ihm das Gefühl gebe, ihn als Musikkenner ernst zu nehmen und ihm gelobe, seine Wünsche umzusetzen.

Die Wangen des Entführers verfärben sich. Weil Mutti schon wieder auf die Tischplatte klopft – diesmal mit der geballten Faust, nicht mit der Waffe –, schenkt er ihr den Rest des Champagners ein, während er mir über seine Schulter hinweg erklärt: „Sie dürfen sich nicht in Privatdingen verzetteln, liebe gnädige Frau. Ein Talent wie Sie sollte nur für die Kunst leben. Alles andere wäre, als würden Sie dem, der Ihnen diese Gabe geschenkt hat, höhnisch ins Gesicht lachen."

Ich nicke. „Sie haben recht. Von nun an wird es für mich nur noch die Musik geben."

Mein Entführer strahlt erst auf, dann huscht ein Schatten über sein Gesicht. Die lächelnden Mundwinkel zurren zusammen und machen aus Ober- und Unterlippe einen schmalen Strich. „Das sagen Sie doch nur so. Sie meinen das gar nicht ernst. Das tut mir jetzt weh. Diese Geringschätzung meiner Bedenken habe ich nicht verdient!"

„Großer Gott, Sie haben doch einen Knall!", entfährt es mir. Eine heißblütige, leidenschaftliche Frau wie ich hat nur ein bestimmtes Quantum an Zurückhaltung, und wenn das aufgebraucht ist, bricht es wie Lava kataklysmisch aus mir heraus. „Sie haben das Musikverständnis eines Zweijährigen! Um Gefühl in meine Darbietungen legen zu können, muss ich Gefühle ja erst erleben! Und selbst wenn das nicht so wäre, glauben Sie ernsthaft, Sie könnten meinen Gesang verbessern, indem Sie mich entführen? Wie naiv ist das denn?" Ich würde gern vor Wut schäumen, aber dazu bin ich viel zu dehydriert.

„Das lässt du dir bieten, Junge? Von so einer?", keift Frau Mama vom Sofa.

„*So eine*? Unverschämt! Wofür halten Sie mich?" Ist der Vulkan erstmal explodiert, lässt sich der Lavastrom auch nicht mehr in den Kegel zurückstopfen. „Fassen Sie sich doch lieber an die eigene Nase. Wie jämmerlich muss man als Mutter versagt haben, wenn der eigene Sohn zum Entführer wird?!"

„So dürfen Sie mit meiner lieben Frau Mama nicht reden, gnädige Frau!" Die Nasenflügel meines Entführers beben. Seine Hände zucken. Es sind schmale Hände. Aber nichtsdestotrotz Männerhände, die sich jeden Moment um meinen Hals schließen und mir die Luftzufuhr abschnüren könnten.

Mir kommt der Gedanke, dass es unklug war, meinen Entführer und seine Mutter zu verärgern, solange ich verschnürt wie ein Weihnachtspaket hilflos auf dem Stuhl in ihrem Wohnzimmer sitze. Zugegeben, es passiert mir öfter, dass ich erst rede und dann denke. Nie habe ich das so sehr bedauert wie in diesem Moment.

Die Alte nimmt die Wehrmachtsknarre aus ihrem Schoß und legt auf mich an.

Der Entführer macht einen ungelenken Schritt auf mich zu, die Arme nach vorn gestreckt wie Frankensteins Monster.

Die Zeit scheint still zu stehen.

Nur um gleich darauf im Ferkelgalopp loszurasen, als sich die Ereignisse überschlagen.

Aus dem bordeauxfarbenen Samtvorhang neben der Tür zum Flur – er dient vermutlich im Winter als Zugluftschutz – löst sich ein Schatten, der nach der Flasche im Sektkühler greift und sie meinem Entführer über den Schädel zieht. Der sackt auf den Parkettboden.

Vor Schreck drückt die Alte auf dem Sofa ab. Es knallt, etwas saust an meiner Wange vorbei und der tote Kakadu fällt – jetzt noch toter – von der Sitzstange in der Voliere. Die schattenhafte Gestalt zückt ein Messer. Ich halte den Atem an. Doch mit dem Messer werden nur meine Seidenfesseln gelöst. Derweil drückt die Alte schon wieder ab. Aber Gott sei Dank hört man nur mehrfaches Klicken. Keine Kugeln mehr.

Mein Retter packt mich, reißt mich vom Stuhl hoch und zerrt mich in den Flur.

Wir hechten die Treppe hinunter. Jetzt erst komme ich dazu, ihn mir anzusehen. Klein, schmächtig, schwarzer Einteiler – wie ein Akrobat aus dem *Cirque du Soleil*.

Der Juwelendieb! Der *gute* Juwelendieb!

„Sie sind es", rufe ich. „Woher wussten Sie ...?"

Er lächelt. „Ich bin Ihnen gefolgt. Weil es zwischen uns ja noch etwas zu klären gibt. Da taucht plötzlich dieses Cordsamtjüngelchen auf und entführt Sie. Ich hinterher. Dann habe ich die Wohnungstür geknackt, hinter dem Vorhang auf den richtigen Moment gewartet und – voilà – den Helden gespielt und die holde Maid gerettet."

„Ich muss zugeben, das haben Sie gut gemacht." Mir wird ganz warm ums Herz. Er ist wirklich ein Gentleman-Verbrecher der alten Schule, der einer Maid in Not zur Seite steht, ohne an seine eigene Sicherheit zu denken. Ich schenke ihm ein Lächeln.

Mittlerweile sind wir unten an der Straße angekommen. Ich erkenne die Ecke. Sie liegt auf dem Fußweg von der Innenstadt zum grünen Hügel. Gegenüber befindet sich ein griechisches Restaurant – das zu dieser späten Stunde zwar offiziell geschlossen ist, aber im Schankraum sieht man eine Putzfrau werkeln.

Wie verhält man sich nach einer erfolgreich vereitelten Entführung? Lädt man seinen Retter auf einen Ouzo ein?

„Danke", sage ich und meine es auch so.

„Nichts zu danken", sagt er und zieht mich in Richtung Hauptstraße.

„Warten Sie, ich kann nicht mehr", stöhne ich.

„Hat er Sie verletzt? Wo?" Er begutachtet besorgt meinen Körper. „Soll ich einen Rettungswagen rufen?" Das Handy hat er schon in der Hand.

Gutaussehend, fürsorglich, effizient – in einen Mann wie ihn hätte ich mich früher verliebt. Egal, welchem Beruf er nachgeht. Meinetwegen hätte er auch Auftragskiller oder Bankfilialdirektor in einer Kleinstadt sein können. Aber ich bin ja nicht frei. Ich gehöre Arnaldur.

Stimmt das überhaupt noch? Kann mein Herz einem Mann gehören, der mal eben so einen Mehrjahresvertrag in Perm unterschreibt und es damit schockgefroren hat? Ich lausche in mich hinein.

„Hallo?" Der Gentleman-Dieb schnippt mit den Fingern vor meinem Gesicht. „Jemand zu Hause?"

„Was?" Ich schaue meinen Retter an. Jetzt schon etwas weniger dankbar und etwas mehr genervt. Auf Fingerschnippen reagiere ich nicht so gut.

„Ich mache mir Sorgen um Sie. Sie sagen, Sie haben Schmerzen und dann sind Sie auf einmal nicht mehr ansprechbar. Haben Sie eine Kopfverletzung?"

„Unsinn. Yves' Schuhe sind zu eng." Ich ziehe mir die Espadrilles von den höllisch schmerzenden Füßen.

„Das ist jetzt nicht Ihr Ernst, oder?"

„Mein voller!" Barfuß laufe ich weiter. Eigentlich kann man nicht von Laufen sprechen. Weil ich Angst habe, in eine Scherbe oder einen Hundehaufen zu treten, kann man meine Fortbewegung eher als vorsichtiges Staksen bezeichnen.

Hinter mir atmet es entnervt aus.

Da ist er nicht der Erste und wird auch nicht der Letzte sein.

„Kommen Sie jetzt oder was?", rufe ich, ohne mich umzudrehen. „Sie wollten mir doch etwas sagen."

„Zu meinem Auto geht es in die andere Richtung."

Jetzt bin ich es, die entnervt ausatmet.

Ich stakse zurück und gemeinsam gehen wir zu einem weißen Oldtimer Cabrio mit blutroten Sitzen und zurückgeschlagenem Verdeck. Sehr schick!

„Das Einbrechergeschäft muss ja ziemlich gut laufen", sage ich.

„Gefällt Ihnen mein Roadster?" Die Frage ist rhetorisch.

Wir steigen ein und brausen los.

„Was wollten Sie mir denn jetzt unbedingt sagen?" Ich frage gar nicht, wohin die wilde Fahrt geht. Eine nächtliche Überlandtour? Oder bringt er mich zum Hotel zurück?

Es wäre ja auch möglich, dass ich vom Regen in die Traufe gekommen bin und er mich umbringen will, weil ich seine Identität und nun auch das Nummernschild seines Wagens kenne.

Aber ich bin völlig relaxt. Hauptsache, er spielt mir nicht meine alten Platten vor.

Es zeigt sich, dass er tatsächlich zur *Silbernen Traube* fährt. Viel Zeit, mit mir zu reden, bleibt ihm also nicht.

„Machen Sie schon", fordere ich ihn auf. „Spucken Sie es aus."

Im Grunde ahne ich, worauf das hinausläuft. Er ist ein Dieb, ich trage eine wertvolle Kette um den Hals. Er will mir den Daw'aljarub abschwatzen.

„Dieses Gerücht, Sie seien die Juwelendiebin, die seit Jahren die Festspielorte unsicher macht?", fängt er an.

„Ja?"

„Das habe ich gestreut!" Er lächelt mich an. „Ich war's, ich habe der Polizei den anonymen Hinweis gegeben!"

Das sind so die Momente, in denen man nicht weiß, ob man seinen Retter umarmen oder ihn mit einem Baseballschläger niederknüppeln möchte ...

Mein Leben als Chicorée

Pyjamaparty – Pläneschmieden – Pitschepatsche

Chicorée gehört zu den Gemüsesorten, die am meisten verkannt werden. Oder erinnern Sie sich, wann Sie zum letzten Mal Chicorée gegessen haben? Oder ob überhaupt je? Eben.

In dieser Nacht kam ich mir wie ein verkanntes Gemüse vor: unbeachtet, vernachlässigt, nachgerade vergessen. Obwohl ich doch so gesund und bei richtiger Zubereitung auch schmackhaft bin!

Aber von Anfang an ...

Der Morgen graut schon, als ich mit meinem Retter, der sich als Denunziant entpuppt hat, das Hotel betrete.

Weil er auf der kurzen Fahrt hierher noch nicht zu Teil zwei seiner Beichte gekommen ist, habe ich ihn hereingebeten. Ich spüre, dass ich ohne Alkohol für den Rest nicht bereit sein werde.

Im Hotelflur springt uns Yves an, der hinter seiner Tür gelauert haben muss.

„Hast du ...?", fängt er an, sieht dann die Kette um meinen Hals und verstummt abrupt. Seine Gesichtszüge verrutschen wie eine schmelzende Käsescheibe auf einem Stück Weißbrot im Flach-Toaster. „Oh, du konntest die Kette also nicht zurückgeben."

„Ich arbeite noch daran, okay?" Man lässt ja seine Wut gern an schwächeren Mitgliedern der Herde aus, und das schwächste Glied der Kette ist gerade Yves. „Ich hatte eine schlimme Nacht, setz mich nicht unter Druck."

„Sie meint es nicht so", entschuldigt mich mein Retter und streckt Yves die Hand hin. „Sie müssen Yves DuBois sein? Angenehm. Mein Name ist Michel. Michel Auteuil."

Sie schütteln sich die Hände.

Ich bin überzeugt, dass das ein erfundener Name ist. Und dass er sich mit diesem französischen Touch bei Yves nur einschmeicheln will.

„Was ist hier los?"

Das ist Bröcki. Sie ist ordentlich frisiert und trägt einen Frotteebademantel über ihrem Streifenpyjama. Kein Hinweis mehr auf die wilden Dinge, die zweifellos während meiner Abwesenheit in ihrem Zimmer passiert sind.

„Ich bin entführt worden", sage ich.

„Wie bitte?"

„Ah, Frau Bröckinger, wie schön zu sehen, dass es Ihnen wieder bessergeht." Der Juwelendieb alias Denunziant alias Michel Auteuil beugt sich tief nach unten und küsst Bröckis Hand. Ausdauernd und mit Hingabe.

Schlagartig materialisiert sich im Türrahmen hinter ihr Laurenz Pittertatscher. Mit wild verwuschelten Haaren und nichts weiter als dem Badetuch von vorhin um die Hüften. Er ist die personifizierte Eifersucht. Wenn er schnauben könnte wie ein Stier, würde er es tun.

„Und wer sind Sie?", herrscht er Michel an, der sich betont langsam wieder in die Vertikale aufrichtet.

„Können wir das bitte klären, nachdem ich mir einen Schluck Alkohol genehmigt habe? Nüchtern ertrage ich das nicht."

„Ich habe einen Sixpack kalt gestellt", sagt Yves.

Wie die Lemminge laufen die drei Jungs in Yves' Zimmer. Das immerhin muss man an Männern bewundern: Egal, wie groß ihre Auseinandersetzungen sind, zusammen ein Bier trinken geht trotzdem.

„Bist du in Ordnung?", fragt Bröcki und schaut besorgt auf meine nackten, verquollenen, mit Blasen überzogenen Füße. Die Espadrilles habe ich auf der Fahrt aus dem Wagen geworfen. Yves wollte sie eh nicht zurück.

„Nein." Ich sage es rotzig, aber in meinem Blick könnte sie die Dankbarkeit lesen, die ich empfinde, weil sie sich um mich sorgt. Sie könnte, aber sie kann nicht, weil sie immer noch auf meine Füße starrt.

„Du weißt schon, dass du als Isolde in Sandalen auf die Bühne musst? Du hast doch die Entwürfe der Kostümbildnerin gesehen! Wie kannst du also so unpfleglich mit deinen Füßen umgehen? Das sieht echt furchtbar aus. Leute, die das durch ihre Operngläser sehen, werden reihenweise angeekelt sein und störende Würggeräusche von sich geben." Jetzt schaut sie hoch, aber weil mir nun klar ist, *warum* sie sich sorgt, erzählt mein Blick nichts mehr von Dankbarkeit und Freundschaft und Wärme.

„Bis zur Premiere sind meine Füße wieder in Schuss. Das ist ja noch ewig hin!"

Bröcki guckt skeptisch.

Ich gucke genervt.

Womit unser üblicher Grundzustand wiederhergestellt wäre.

„Ich hole den Champagner aus meinem Kühlschrank und komme gleich nach." In meinem Zimmer flackert immer noch der stumm geschaltete Fernseher. Papa liegt auf dem Sofa. Von oben, von der Empore, hört man isländisches Schnarchen und Boston-Terrier-Röchelatmen. Als wäre ich nie weg gewesen.

Leise ziehe ich die Flasche *Taittinger* aus dem Flaschenfach und schleiche auf Zehenspitzen wieder hinaus.

Im Vergleich zu meiner Suite ist Yves' Zimmer winzig. Und mit fünf Erwachsenen darin, auch wenn einige dieser Erwachsenen sehr schmächtig beziehungsweise kleinwüchsig sind, wirkt es sogar noch winziger. Yves, Pittertatscher und Auteuil sitzen nebeneinander auf der Bettkante, Bröcki hat es sich auf dem einzigen

Sessel im Zimmer bequem gemacht. Alle halten eine Dose Bier in der Hand.

„Sie heißen Pitschepatsche?", wundert sich Auteuil gerade.

„Pittertatscher!", dröhnt Pittertatscher. „Ich heiße Laurenz Pittertatscher!"

„Oh pardon, das ist mir jetzt aber peinlich." Auteuil grinst und straft damit seine Worte Lügen. „Ich wusste nicht, dass Frau Bröckinger verpaart ist."

„Jetzt wissen Sie es." Pittitatschi, wie Bröcki ihn in zärtlichen Momenten nennt, steht auf, geht zum Sessel, hebt Bröcki hoch, als wäre sie schwerelos, setzt sich und platziert sie auf seinem Schoß. Nur um Fakten zu schaffen.

Bröcki kichert verliebt.

Ich habe mittlerweile den Champagner geöffnet. In Ermangelung von Gläsern in Yves' Zimmer gehe ich in sein Bad und spüle den Zahnputzbecher aus. Man muss sich nur zu helfen wissen.

Als ich zurück ins Schlafzimmer komme, steht Papa in der Tür. In seinem Männernachthemd und mit der Sofadecke um die Schultern.

„Was ist denn hier los?", fragt er schlaftrunken. „Pyjamaparty?"

„Immer herein, Herr Miller. Wir haben noch Bier." Yves hält ihm eine Dose hin.

„Es tut mir leid, dass ich dich geweckt habe, Papa", sage ich. „Leg dich doch wieder ins Bett."

„Ich bin noch nicht zu alt fürs Partyfeiern", erklärt mein Vater dezidiert und wirkt tatsächlich schlagartig wacher. „Cheerio!"

„Prost", rufen die anderen.

Auch Arnaldur, der sich mit wilden Knautschfalten im Gesicht ins Zimmer schiebt. Radames kommt hinter ihm hergelaufen, patrouilliert einmal kurz um die Beine sämtlicher Anwesender und springt dann auf den Schoß von Auteuil.

Papa quetscht sich zwischen Kleiderschrank und die Anrichte, auf der das Fernsehgerät steht. Arnaldur schließt die Tür und lehnt sich an.

Sardinenbüchsengefühl kommt auf. Jetzt passt wirklich niemand mehr herein.

Ich setze mich mit der Flasche Champagner und dem Zahnputzbecher vor die Badezimmertür. Yves wirft Arnaldur die letzte volle Bierdose zu.

„Was macht ihr hier zu so später Stunde?", fragt Arnaldur lispelnd.

„Ich stelle meinem neuen Bekannten unsere Truppe vor und wir haben soeben Bröckis Familienstand geklärt", sage ich und ärgere mich maßlos, dass Arnaldur auf die Worte *mein neuer Bekannter* überhaupt kein bisschen eifersüchtig reagiert, wie ich aus den Augenwinkeln mitbekomme. „Michel, das sind Arnaldur Atlason und mein Vater. Papa, Arnaldur – das ist *Michel*." Bei *Michel* deute ich mit Zeige- und Mittelfinger zwei Anführungszeichen an. Wer's glaubt ...

Die Männer nicken sich zu.

„So, jetzt sind alle auf dem neuesten Stand. Ach ja, Michel, eins sollten Sie noch wissen ..." Ich grinse, weil ich drauf und dran bin, einen Pfeil abzuschießen, der sein Ziel nicht verfehlen kann.

Wird Auteuil bleich werden? Wird er aufspringen und wegrennen? Anfangen zu weinen und alles gestehen?

„Laurenz Pittertatscher ist Kommissar bei der österreichischen Mordkommission." Ich lasse mir jede Silbe auf der Zunge zergehen.

„Ach, das ist ja hochinteressant. Freut mich wirklich sehr." Auteuil, der auf dem Bett sitzt, dreht sich zu

Pittertatscher um. „Bei welcher Dienststelle? Vielleicht haben wir gemeinsame Bekannte."

„Erzählen Sie Herrn Pittertatscher doch lieber zuerst, womit Sie Ihren Lebensunterhalt bestreiten", werfe ich ein. „Es hat mit Schmuck zu tun, nicht wahr?" Ich lächele süffisant.

Auteuil grinst. Er hat mich durchschaut und weiß um meinen teuflischen Plan. Ich will, dass er sich outet! Und wenn er es nicht von allein tut, werde ich es für ihn tun. Ich freue mich auf den Moment, wo ich aufstehen, mit dem Finger auf ihn zeigen und zu Pittertatscher sagen kann: „Verhafte ihn, er ist der Juwelendieb!"

Meine Hand spielt mit dem Diamanten an meinem Hals.

Noch bevor Auteuil antworten kann, ruft Arnaldur: „Wo hast du denn die Kette her?" Er klingt plötzlich misstrauisch.

„Bitte lass mich antworten. Ich habe uns diese Suppe eingebrockt, ich muss sie auch auslöffeln", ruft Yves. „Die Kette habe *ich* gestohlen", erklärt Yves. „Also nicht *diese* Kette, aber eine andere, und der echte Dieb hat sie gegen diese hier ausgetauscht und mir untergeschoben."

„*Hvað?*", fragt Arnaldur, was auf Isländisch so viel heißt wie: „Was?" Und weil er der Einzige von uns ist, an dem die Schmucksache völlig vorübergegangen ist, klingt er nachgerade fassungslos.

„Ich dachte, sie wurde schon längst zurückgegeben", sagt Papa, dessen Bart ein Bierschaumkranz ziert.

„Im Zuge der Rückgabe wurde ich angeschossen", antwortet Bröcki. „Ich glaube, man darf daher mit Fug und Recht behaupten, dass sie als gescheitert zu betrachten ist."

„*Hvað?*"

„Aber selbst wenn es mit der Rückgabe funktioniert hätte, brauche ich immer noch ein Vermögen, um meinem Erstgeborenen das Studium zu finanzieren." Yves schluckt schwer. „Deswegen habe ich beschlossen, Escort zu werden." Er guckt trotzig. Wie Jeanne d'Arc, als sie in die Ritterrüstung schlüpfte. In Extremsituationen hat die Meinung der Welt keinen Wert – da muss ein Mann tun, was ein Mann tun muss.

„*Hvað?*" Arnaldurs Stimme schraubt sich immer höher.

„Er will eine männliche Prostituierte werden", erkläre ich, weil ich denke, es könnte um eine Begriffsdefinition gehen. „Um das zu verhindern, wollte ich heute Nacht einen zweiten Versuch starten und den Diamanten zurückbringen, aber unterwegs wurde ich entführt. Und gefoltert!" Mit meinen eigenen Platten, aber dieses Detail muss ich ja nicht jedem auf die Nase binden.

„*Hvað?*"

„Was?", rufen jetzt auch Yves, Pittertatscher, Bröcki und mein Vater.

„Alles ist gut, es gab ein Happyend – ich wurde gerettet", wiegele ich ab.

„Von mir." Auteuil spielt wieder den Strahlemann und lächelt breit.

„Es tut mir so leid, das ist alles meine Schuld." Yves beugt sich vor und tätschelt mir ungelenk die Schulter. „Warum hatte ich auch diese blöde Idee, eine Kette zu stehlen? Ich verstehe doch gar nichts vom Stehlen. Aber egal, dann gehe ich eben ins Gefängnis. Und mein hochbegabter Sohn muss sehen, wie er ohne meine Hilfe an eine gute Ausbildung kommt. Er schafft das schon – er ist ja hochbegabt." Yves schnieft.

Ich warte auf ein „*Hvað?*" von Arnaldur, aber der schaut uns alle nur der Reihe nach ungläubig an, als würde er erwarten, dass gleich einer „Vorsicht, Kamera!" ruft.

„Also, jetzt mal schön mit der Ruhe und immer der Reihe nach. Ich bin sicher, ich kann einiges zur Aufklärung beitragen", meldet sich Auteuil wieder zu Wort.

„Um mich noch einmal ordentlich vorzustellen – ich *bin* Michel Auteuil." Ein frecher Zwinkerblick in meine Richtung. „Ich komme aus Genf und arbeite als Freelancer für die Zurich Insurance Group."

Vor Überraschung lasse ich beinahe den Zahnputzbecher fallen. Aber nur beinahe. Sein Inhalt ist viel zu kostbar, um verschüttet zu werden.

„Sie sind kein Gentleman-Juwelendieb?", fragt Bröcki. Sie klingt so enttäuscht, wie ich mich fühle. Dabei hätte alles so romantisch sein können.

Auteuil schüttelt den Kopf. „Da muss ich Sie enttäuschen. Mein Job ist es, gestohlene Juwelen aufzuspüren und – im Idealfall – zusammen mit dem Täter auszuliefern. Ich erhalte dafür einen Prozentsatz der Versicherungssumme. Das summiert sich im Lauf der Zeit, deshalb fahre ich auch einen so schicken Wagen."

Er zwinkert mir schon wieder zu.

Arnaldur brummt und verschränkt die Arme.

Na endlich.

„Seit einem Monat bin ich auf den *echten* Juwelendieb angesetzt, der schon seit einigen Jahren die Festspielorte dieser Welt unsicher macht. Meine Kollegen waren ihm immer dicht auf den Fersen, in Sydney hätten sie ihn auch beinahe geschnappt, aber in letzter Sekunde gelingt ihm jedes Mal wieder die Flucht. Meist durch Gewalt. Wie neulich Nacht, als ich das große Vergnügen hatte, Frau Miller und Frau Bröckinger kennen zu lernen."

Pittertatscher und Arnaldur geben unisono dumpfe Brummlaute von sich.

„Mir war klar, dass der Dieb dem Daw'aljarub nicht widerstehen könnte, darum setzte ich mich mit Herrn Shen in Verbindung, dem Besitzer des Diamanten. Ich wusste bereits, dass er als großer Wagner-Fan nach Bayreuth kommen wollte, und ich konnte ihn überreden, sich in einem leicht zu observierenden Stadthaus einzuquartieren."

„Neben der Witwe Böhringer", mutmaßt Bröcki.

„Sehr richtig." Auteuil nickt und seufzt. „Aber dann kamen Sie mir in die Quere. Sie alle. Als Herr DuBois bei Hannelore Böhringer einstieg, wusste ich natürlich noch nicht, dass er ein blutiger Amateur ist, der nur zufällig in das Nachbarhaus einbrach. Und weil ich abgelenkt war, konnte der echte Juwelendieb unbemerkt bei Shens einsteigen und sich den Diamanten schnappen."

„Oh Gott, das tut mir ja so leid", jammert Yves.

„Muss es nicht", beruhigt ihn Auteuil, „der Diamant ist ja nicht echt."

Uns stockt kollektiv der Atem.

„Der Stein ist eine Fälschung?" Meine Hand fährt unwillkürlich an meinen Hals.

„Ja, was jeder Kenner auch spätestens auf den zweiten Blick sieht." Auteuil grinst. „Ein solches Risiko hätten weder Herr Shen noch die Versicherung eingehen wollen. Außerdem hätte man mit einem millionenschweren Diamanten im Gepäck deutlich mehr Sicherheitskräfte im Schlepptau."

„Das ist aber eine verdammt gute Fälschung", findet Papa.

„Stimmt, sie ist auch ein paar zehntausend Euro wert", gibt Auteuil meinem Vater recht. „Dennoch muss unser Schurke das Spiel sofort durchschaut haben. Er hat, ebenso wie ich, den Einbruch im Nachbarhaus mitbekommen und die Ketten daraufhin ausgetauscht. So stand er wenigstens nicht mit völlig leeren Händen da."

„Der Mann, der mich angerempelt hat!", ruft Yves.

„Genau." Auteuil schweigt kurz, dann leert er seine Bierdose in einem Zug und fährt fort. „Was mich richtig erschüttert hat, war allerdings der Anruf. Woher wusste er, wie er mich erreichen kann? Er hat natürlich bei unserer Begegnung auf dem Dach mein Gesicht gesehen. Und Bayreuth ist klein, vielleicht bin ich ihm in der Stadt begegnet, ohne es zu merken. Zu dem Zeitpunkt wusste ich ja noch nicht, wie er aussieht."

„Aber er hat nur neun Finger!", rufe ich triumphierend. „Das hätte Ihnen doch auffallen müssen."

„Das *ist* mir aufgefallen. Dennoch laufe ich nicht unablässig mit gesenktem Blick durch die Gassen und schaue den Leute auf die Hände."

„Gibt es keine ...?", fange ich an, merke dann aber, dass diese Frage kein gutes Ende finden kann.

„Fingeranzahl-Erkennungssoftware?" Auteuil lacht herzhaft. „Eine Liste aller Verbrecher weltweit, die nur neun Finger haben?"

Ich zucke mit den Schultern. Warum nicht?

„So was gibt es nicht. Zudem ist der Mann noch nie straffällig geworden. Nein, lassen Sie mich das korrekt formulieren: Er ist noch nie erwischt worden."

„Dann wird es höchste Zeit", sagt Pittertatscher. Seine Nasenflügel zucken, der Spürhund in ihm ist erwacht. „Sie sagen, er hat Sie angerufen? Kam es zu einem Treffen?"

„Oh ja, gestern Nachmittag. Er hat mich erschossen."

Alle schauen erstaunt, nur ich nicht, ich war ja dabei.

„Während des Anrufs war mir nicht klar, ob er meine Tarnung durchschaut hatte. Und eigentlich bin ich mir immer noch nicht sicher, ob er weiß, dass ich für die Versicherungsgesellschaft arbeite, und er mich deshalb ausschalten wollte, oder ob er sich einfach der Konkurrenz entledigen wollte. Zum Glück trug ich eine kugelsichere Schutzweste."

„Das ist dem Dieb natürlich auch klar. Er könnte sich abgesetzt haben." Pittertatscher kratzt sich nachdenklich am Kinn.

Auteuil schürzt die Lippen. „Vielleicht ... vielleicht aber auch nicht. Falls er noch in Bayreuth sein sollte, müsste man ihn aus seinem Versteck locken."

„Mit einer Gelegenheit, die er sich einfach nicht entgehen lassen kann." Pittertatscher nickt wissend.

„In einem Ambiente, das ihm das sichere Gefühl gibt, es kontrollieren zu können", ergänzt Auteuil. „Mit Menschen, die er zu kennen glaubt und von denen er meint, sie problemlos manipulieren zu können."

Pittertatscher und Auteuil scheinen auf einmal die allerbesten Freunde.

„Wir brauchen jemanden, der glaubhaft den Lockvogel abgibt", sagt Auteuil.

„Und wir wissen beide, wer das sein wird", bestätigt Pittertatscher.

„Ich weiß es auch." Bröcki nickt.

„Wuff", macht Radames.

„Lasst mich raten", ruft Papa. „Gebt mir Hilfestellung. Nennt mir einen Vokal, nein, einen Konsonanten?" Er schaut in die Runde.

Yves rülpst, weil er Bier eigentlich gar nicht verträgt. „Es fängt mit *P* an und geht mit *au* weiter."

Arnaldur sagt: „*Ha?*" – was auf Isländisch so viel heißt wie „Hä?"

Und ich schmolle.

Chicorée – sag ich doch.

EILMELDUNG – EILMELDUNG – EILMELDUNG

Nordbayrischer Kurier

Juwelendieb von Bayreuth gefasst!

Am frühen gestrigen Morgen verhaftete die Polizei Yves-François D., einen französischen Staatsbürger, der als Chauffeur für eine der Festspielsängerinnen arbeitet. Der Zugriff gelang aufgrund einer internationalen Zusammenarbeit von österreichischen und Schweizer Ermittlern sowie deutscher Einsatzkräfte. In Besitz des mutmaßlichen Täters befand sich eine Nachahmung des Daw'aljarub, eines der wertvollsten Diamanten der Welt. Wie der zuständige Einsatzleiter verlautbarte, hatte die Versicherungsgesellschaft den seit vielen Jahren gesuchten Dieb gezielt mit einer Nachahmung anlocken wollen. Dies sei nun auch gelungen. Ob man bei dem Verhafteten auch Beweise für die früheren Diebstähle gefunden habe, war noch nicht abschließend zu klären. Für die laufende Festspielzeit kann nun aber Entwarnung gegeben werden.

10 Tage später

Diamant, flambiert, an einer Reduktion aus Tofuknödeln

Und dann kommt es doch immer anders, als man denkt ...

T – 3
(T minus drei ist NASA-Sprech für: noch drei Stunden bis zum Abheben der Rakete)

Es heißt, das am häufigsten gehaltene Haustier des Menschen sei der innere Schweinehund. Lieber krault man ihm das Fell, als Dinge zu erledigen, die dringend zu erledigen wären. Yves hat nicht nur einen Schweinehund, er hat eine ganze Schweinehundrotte. Oder sagt man Schweinehundemeute?

„Du hast gesagt, du hilfst!", beschwert sich Bröcki.

„Ich *habe* geholfen. Ich habe die Servietten zu Schwänen gefaltet!" Yves lümmelt – mit Radames auf dem Schoß – auf dem Sofa meiner Suite, während Papa unser aller Abendkleidung bügelt und Arnaldur die Platzkarten kalligraphiert.

Seit heute Mittag ist Arni wieder in Bayreuth. Kaum hatten Auteuil und Pittertatscher ihren Jahrhundertplan zur Überführung des Juwelendiebes ausgeheckt, den er im Übrigen „albern" fand, wie er sagte, musste er zurück nach London. Deshalb erstaunt mich seine Rückkehr. Nach seiner Ankündigung, in Perm dirigieren zu wollen, haben wir kaum zwei Worte miteinander gewechselt. Nicht bei seinem Abschied vor zehn Tagen und auch nicht mehr jede Nacht um Mitternacht, wenn ich – nach anstrengenden Probentagen – tränenüberströmt im Bett lag und auf den schwarzen Bildschirm meines Laptops starrte.

„Das nennst du Schwäne? Mich erinnern die eher an betrunkene Laufenten", spottet Bröcki mit Blick auf den Servierwagen, auf dem sich vierzig Exemplare von mehr oder weniger gelungenem Papierservietten-Origami befinden, in deren gespreizte Flügel nachher noch kleine Strass-Steinchen gestreut werden.

„Du mich auch, Schätzchen, du mich auch." Yves hebt seinen Mittelfinger. „Und apropos tatkräftige Unterstützung: War da nicht noch etwas? Ach ja! Ich spiele den Sündenbock für eure Überführungsaktion. Mehr Hilfe geht ja wohl nicht!"

Da hat er nicht ganz unrecht.

Um den echten Juwelendieb in Sicherheit zu wiegen, wurde Yves öffentlich an den Pranger gestellt. Wogegen er sich anfangs heftig wehrte, bis Michel Auteuil beiläufig erwähnte, dass es für den entscheidenden sachdienlichen Hinweis, der zur Ergreifung des Diebes führte, einen ‚Finderlohn' von der Versicherung gebe: satte 250.000 Euro. Damit stünde Yves' Sohnemann der Weg zu akademischen Weihen offen. Und dass der sachdienlichste Hinweis von Yves komme, würde er, Auteuil, notariell beglaubigen lassen.

Pittertatscher und Auteuil konnten mit ihren guten Kontakten dafür sorgen, dass auch die deutsche Polizei bei ihrem Fang-den-Dieb-Spiel mitmachte. Yves musste natürlich nicht ins Gefängnis, bekam aber Hausarrest – bzw. Hotelzimmerarrest, damit er von niemandem gesehen wurde. Weil der nun aber schon über eine Woche andauert und wir Yves natürlich auch vor den Zimmermädchen versteckt halten, kann es nicht mehr lange dauern, bis er ‚lagerkollert'. Schlechte Laune schiebt er jedenfalls schon.

Spitzzüngig setzt er noch eins drauf: „Und Pauline hilft auch nicht."

„Hallo-o?!" Ich wedele mit der Hand, in der ich den Telefonhörer halte. Ich hänge in der Warteschleife des

Party-Ausstatters, bei dem ich letzte Änderungswünsche anmelden will. „Mir oblagen die beiden wichtigsten Aufgaben – die richtigen Gäste einzuladen, damit der Dieb in Versuchung geführt wird – und die Party zu planen."

„Du hast sie geplant? Du?" Bröcki spitzt die Lippen. „*Ich* habe sie geplant und organisiert. Ich bin die Malerin, die das Bild entworfen und die Farbgebung vorgegeben hat – was du machst, ist nur Malen nach Zahlen."

„Nicht streiten, Kinder", ruft Papa vom Bügelbrett.

„Also gut, ich habe jetzt den Ablaufplan upgedated", sagt Bröcki. Sie liebt Listen. „Der Veranstaltungssaal des Hotels steht uns ab 16 Uhr eine Stunde exklusiv zur Verfügung. Auteuil bringt in dieser Zeit seine Überwachungs-Gadgets an. Ab 17 Uhr wird eingedeckt. Jeweils ein Undercover-Beamter wurden beim Service-Personal und in der Küche eingeschleust. Mein Pittitatschi kommt ..." Sie schaut auf ihre Armbanduhr. „... in einer halben Stunde und bezieht als Obdachloser verkleidet unauffällig Stellung im Hinterhof des Hotels, wo es auch zu den Garagen geht. Die Gäste treffen um 19 Uhr ein. Nein, Herr Miller, das ist zu heiß! Seide darf nicht so heiß gebügelt werden!"

Papa schaut – in einer Wolke aus Dampf – vom Bügelbrett auf. „Ich bügele nicht zu heiß!"

Mir ist das egal, es ist ja nicht mein Retro-Rüschen-Seidenhemd, das da gerade jämmerlich den Hitzetod stirbt.

„Ich weiß immer noch nicht, warum ihr glaubt, dass der Neunfingermann heute Abend zuschlagen wird. Der ist doch längst abgetaucht", sage ich, weil mir immer noch der Warteschleifenmozart ins Ohr dudelt und ich sonst nichts zu tun habe.

„Siehst du, was er da gerade schreibt?" Bröcki nickt mit dem Kopf zu Arnaldur.

„Er schreibt nicht, er malt ein Strichmännchen, das vor einer Anschlagtafel steht!"

Arnaldur versucht sich an einem chinesischen Schriftzeichen. Angeblich heißt es Shen. Das Kalligraphieren der Platzkarten wurde ihm von Bröcki aufgetragen. Vermutlich als Beschäftigungstherapie.

Zu unserem Gespräch kann er sich momentan nicht äußern, weil er seine Zungenspitze mit den Zähnen festhalten muss, sonst gelingt ihm der abschließende Pinselstrich nicht und dann heißt das, was er da gerade schreibt, womöglich nicht *Shen*, sondern *Scheiße*.

Die Platzkarten mit den chinesischen Schriftzeichen sind natürlich für unsere Ehrengäste.

„Shen, er schreibt Shen! Damit weißt du doch auch, warum es funktionieren wird. Frau Shen wird hier und heute den Original-Diamanten tragen. Das haben wir extra durchsickern lassen. Auch wenn die Shens im gepanzerten Wagen und mit zusätzlichen Leibwächtern kommen, ist seine Chance, sich den Diamanten unter den Nagel zu reißen, nie wieder so groß wie heute. Und als Bonus haben wir auf der Gästeliste alles aufgefahren, was Rang und Namen und höchstpreisigen Schmuck besitzt. Glaub mir, der Neunfingermann kommt auf jeden Fall!"

Womöglich siegt die Gier des Diebes doch über seine Vorsicht. In der Einladung zu meiner Party mit dem Motto ‚Zeigt, was ihr habt!' wurde explizit darauf hingewiesen, dass wir die Festnahme des Diebes reich behängt feiern wollen. Alle Eingeladenen haben zugesagt. Ich glaube, die meisten kommen nur als Katastrophentouristen: Sie wollen sehen, wie ich mich schlage, nachdem sich mein Chauffeur als Schwerkrimineller entpuppt hat.

Seit Yves' vermeintlicher Überführung als Juwelendieb habe ich jeden Tag eine Oscar-reife schauspielerische Höchstleistung vollbracht – und zwar bei den Proben, wenn ich es mit dem Hermännchen zu tun hatte, die als Komplizin des Neunfingermannes ja wusste, dass die Polizei den Falschen erwischt hat und sich jeden Morgen süßlich erkundigte: „Na, wie geht es dir heute?" Blöde Kuh, blöde! Aber die wird sich noch wundern!

Die anderen schlugen mir immer mal wieder markig auf die Schulter und murmelten: „Wird schon wieder, kommt in den besten Familien vor." Und Emilio hat mich sogar geküsst und mir ein „Muss du sein ganze tapfer" zugeflüstert, „werde alles wieder gut".

„Ich finde, es wird Zeit, dass diese Sache ein Ende hat", sagt Papa vom Bügelbrett. „Ich werde froh sein, wenn morgen endlich alles vorüber ist." Er sieht immer noch aus wie ein Dampfmonster, und mittlerweile riecht es auch nach verbranntem Stoff.

„Ich dachte, der Dieb steigt nur nachts in Häuser ein", wirft Yves ein. „Im Schutz der Dunkelheit."

„Nein, er ist vielseitig", greift Bröcki den Einwurf auf. „In Monaco hat er auf der Opern-Gala der Grimaldis zugeschlagen, während einer Live-Fernsehübertragung! Und trotzdem hat man es erst gemerkt, als es zu spät war. Offenbar kann er nicht nur wie ein Affe auf Dächer klettern, sondern ist auch ein begnadeter Taschendieb."

„Heißt es auch *Taschen*dieb, wenn er eine Kette vom Hals ihrer Trägerin entfernt, ohne dass sie es merkt?", frage ich. „Das hat doch mit Taschen nichts zu tun?"

Bröcki ignoriert mich. „Der Mann wächst an seinen Aufgaben. Gerade deshalb ist ein Abend wie der unsere heute für ihn eine unwiderstehliche Herausforderung." Seit Bröcki mit Pittertatscher liiert ist, hält sie sich für eine Koryphäe auf dem Gebiet der Verbrechensbekämpfung.

„Aber ist das nicht auch tierisch gefährlich? Er gilt doch als gewalttätig. Es heißt, er schreckt vor nichts zurück, nicht einmal vor Mord. Hat er nicht schon mehrmals auf der Flucht Leute angeschossen? Und niedergestochen? Und einmal sogar ein ganzes Haus abgefackelt, um Spuren zu verwischen?" Yves klingt nicht besorgt, mehr so, als wolle er gleich eine Wette vorschlagen, mit welcher Grausamkeit uns der Dieb heute überraschen wird.

„Wie bitte?", rufe ich entsetzt, weil ich – im Gegensatz zum unterbeschäftigten Yves – keine Zeit hatte, die Historie des Diebes zu googeln, und gänzlich unbeleckt bin, was seine Methoden angeht.

„Hör gar nicht auf ihn", rät Bröcki.

„Tja", sagt Yves, „falls der Kerl heute Abend an die Klunker kommen will, indem er von irgendwoher einen Schlauch in den Saal schiebt und euch alle mit Giftgas umbringt, werde ich bei der Beerdigung euren Särgen zurufen: Ich hab euch ja gewarnt!"

Ja, eindeutig – Yves hat Lagerkoller.

Bröcki verdreht die Augen. „Weißt du, wie du dich nützlich machen kannst?", brummt sie.

„Indem ich den Mund halte?"

„Braver Junge!"

T−2

Ich begehe ein und denselben Fehler nicht zwei Mal. Ich begehe ihn fünf oder sechs Mal, nur um ganz sicher zu sein.

Damit meine ich mein Talent für das Organisieren einer Dinner-Party. Es ist kleiner gleich null. Wobei es nicht an Ideen hapert. Im Gegenteil, ich habe immer viele Ideen. Viele sensationelle Ideen. Die leider nur sehr oft in die Hose gehen. Weil sie zu ausufernd und über-kandidelt sind. Mit meiner Phantasie gehen da gern die Pferde durch.

Ich weiß das.

Aber das hilft nichts.

„Der Eisblock bleibt da! Zwischen Nachspeise und Digestif wird Herr Martini mit der Kettensäge daraus einen Diamanten schnitzen", erkläre ich. „Passend zum Motto des Abends!"

Michel Auteuil pfriemelt gerade eine Mini-Über-wachungskamera in den Lampenschirm an der Kopf-seite des Veranstaltungssaales. Es ist halb fünf. Eben hat ein Hotelangestellter durch die geschlossene Tür hindurchgerufen, dass ein Kühllaster die Ausfahrt aus der Hotelgarage blockiert, woraufhin ich ihn anwies, dann eben einen geeigneteren Parkplatz zu finden, aber der Laster sei für meine Party unabdingbar. Und dann habe ich Auteuil erklärt, warum.

„Wann genau sind Sie denn auf die geniale Idee ge-kommen, jemanden mit einer *Kettensäge* einzuladen?", fragt Auteuil jetzt.

Ich ahne, woher der Wind weht. „Etwas mehr Zutrau-en in mein gesundes, menschliches Misstrauen, wenn ich bitten darf. Selbstverständlich habe ich Herrn Mar-tini über einen seriösen Partyplaner gebucht und mich versichert, dass der Mann mehr als neun Finger hat!"

Auteuil seufzt. „Ich finde dennoch ..."

Was er findet, werden wir nie erfahren, denn in die-sem Moment klopft es wieder an der Tür. „Frau Miller?" Eine andere Stimme.

„Wir sind noch nicht so weit", rufe ich, weil ja keiner mitkriegen darf, dass hier im Saal Überwachungsgeräte installiert werden.

„Die ersten Gäste sind schon da."

„Wie bitte?" Ich schaue auf meine Armbanduhr. Es ist kurz vor fünf. Um sieben soll es losgehen.

„Paulinchen", jodelt es von hinter der Tür. „Ich bin's. Ich wollte fragen, ob ich dir helfen kann."

Das Hermännchen!

„Die Komplizin des Neunfingermannes", flüstere ich Auteuil zu.

„Ich habe Silke von Hermann die letzten zehn Tage beschattet", flüstert Auteuil zurück. „Sie hat sich in keinster Weise verdächtig benommen und hatte auch keine Kontakte außerhalb des Kollegenkreises. Sie müssen sich irren. Frau Bröckinger meinte, Sie würden eine gewisse Antipathie hegen, die womöglich zu Fehlinterpretationen führt ..."

„Ich interpretiere nicht fehl! Silke hat mir gegenüber doch zugegeben, dass sie mit dem Neunfingermann kooperiert."

„Juhu, bist du noch da?", ruft das Hermännchen.

Vielleicht wäre sie wieder abgezogen, wenn wir mucksmäuschenstill geblieben wären, aber manche von uns müssen ja ausgerechnet in diesem Moment bellen. Weder Auteuil noch ich, aber Radames. Hechelnd stellt er sich an die Tür und kratzt ein paar Runen ins Holz. Rasch nehme ich ihn auf den Arm.

„Lenken Sie sie ab", befiehlt Auteuil.

Ich drehe den Schlüssel im Schloss und öffne die Tür gerade so weit, dass ich Radames zum Hermännchen durchreichen kann. „Da, nimm!", sage ich, und während sie nach Radames greift und ihr Blick dadurch abgelenkt ist, öffne ich die Tür so weit, dass meine Rundungen durchpassen.

„Du bist zu früh!", erkläre ich, nachdem ich die Tür hinter mir geschlossen und ihr Radames wieder abgenommen habe.

„Ich wollte helfen", wiederholt das Hermännchen, was es nicht glaubhafter macht. Sie will die Lage ausbaldowern, daran hege ich nicht den geringsten Zweifel.

„Ich brauche keine Hilfe, geh wieder heim."

„Unsinn, jetzt bin ich schon da und gebrezelt."

Jetzt sehe ich es erst.

Ich weiß nicht, ob ich schreien ... oder gleich zuschlagen soll.

„Was ...?", stotterte ich.

„Ich habe mir die Familien-Tiara schicken lassen. Sie stammt aus dem Besitz der letzten Zarin. Wenn wir heute schon das Ende der dreisten Juwelendiebstähle feiern, dann doch richtig!"

„Nein!", sage ich.

„Du meinst nicht die Tiara? Der Rest sind meine Standardsachen, die kennst du ja schon. Mein De-Beers-Diamantkollier, meine Brosche von Tiffanys, mein ...“

„Nein, nicht der Schmuck. Das Kleid!"

Sie trägt exakt dasselbe Kleid wie ich! Das ich schon auf der Bayreuther Begrüßungsparty trug, weswegen sie wissen muss, dass ich es habe!

„Ja, ist es nicht toll?" Das Hermännchen strahlt über alle vier Backen. „Ich dachte, es freut dich? Nachahmung ist doch das allergrößte Kompliment! Jetzt sind wir Zwillinge!"

T−1

Die Spannung steigt!

Das Hermännchen ist versorgt. Ich habe sie an die Bar gesetzt und Papa zu ihr geschickt, der auf sie aufpassen und sie mit billigem Fusel abfüllen soll. Eine

Aufgabe, die er meiner Meinung nach etwas zu bereitwillig auf sich genommen hat.

Ich bin mir nicht ganz sicher, ob ihm klar ist, dass vier dunkelbraune, bügeleisenförmige Abdrücke den Rücken seines Rüschenhemdes zieren, und zwei die Vorderseite. Möglicherweise hat er ja einen Abdruck entdeckt und sich gedacht, wenn er fünf weitere einbrennt, würde es wie Absicht wirken. Oder er kriegt einfach nicht mehr mit, was er tut, und ich sollte mir Gedanken über seine einsetzende Altersseniliität machen. Im Moment ist das aber alles unwichtig. Hauptsache, das Hermännchen bleibt nicht unbeaufsichtigt.

Das Service-Personal hat die – noch Alu-umhüllten – Häppchen aufgefahren, die allesamt diamantfarben sind, also eigentlich weiß. Aber eben dem Motto des Abends entsprechend: Weißbrot mit Ei, weiße Champignons, Pastinaken- und Selleriesalat, halbierte Eier mit Majonäse, Bayrische Creme, Vanilleeis, Reisbällchen, Blumenkohlröschen, Tofu in allen Variationen – nicht alles gleichzeitig, aber alles weiß.

„Du spinnst ja!", sagt Bröcki und schaut fassungslos auf die Tabletts.

„Ich bin konsequent. Der Abend soll für die Gäste unvergesslich werden!"

„Indem du ihre Mägen traumatisierst?" Bröcki schüttelt den Kopf. „Aber egal, sie werden sich ohnehin das Genick brechen, wenn sie auf dem nassen Boden ausrutschen."

Herr Martini hat den Eisklotz, den er nachher mit der Kettensäge zu einem Diamanten formen will, in die Raummitte geschoben. Der Klotz tropft. Weil er schmilzt. Was ich nicht zugeben will.

„Du hast auch an allem etwas herumzumeckern. Kannst du es nicht einfach mal gut sein lassen?", quengele ich.

Auteuil unterbricht uns. „Ich habe alles aufgefahren, was die moderne Technik zu bieten hat: Abhörgeräte, Mini-Kameras, Bewegungssensoren und einen Mikrochip, den ich auf den Daw'aljarub kleben werde, sobald Frau Shen eintrifft. Wann immer daraufhin der Diamant den Raum verlässt, wird ein Alarm ausgelöst. Ein irrsinnig lauter Alam – seien Sie also gewarnt."

„Bravo", sagt Bröcki.

„Warten wir ab, ob's funktioniert", hält Arnaldur dagegen. Er liefert sich immer noch Hahnenkämpfe mit Auteuil.

Rein optisch steht es unentschieden: Arnaldur hat seinen Hipster-Bart neu stutzen lassen, trägt eine Fön-Frisur und einen Smoking aus leuchtend lilafarbenem Velourssamt zu angesagten Yeezys.

Auteuil bevorzugt den klassischen Stil und sieht aus wie James Bond. Ein Schweizer James Bond.

„Ja, warten wir's ab", sagt er.

Ich war oben und habe mich umgezogen. Sollte mich der Neunfingermann bei unserer Aktion heute Abend ermorden, will ich nicht in dem Kleid sterben, das auch das Hermännchen trägt. Radames habe ich bei der Gelegenheit Yves anvertraut und die kleine Terrier-Stirn besonders innig geküsst. Vielleicht zum letzten Mal ...

Beim Umziehen habe ich überlegt, wie sich der Neunfingermann Zutritt zur Party verschaffen wird.

Das Personal ist, das hat mir die Hotelleitung versichert, schon seit Jahren in Diensten des Hauses. Von denen kann es keiner sein.

Höchstens einer der Lieferanten, der sich in einem unbeobachteten Moment aus der Küche in den Flur geschlichen hat und sich womöglich in einem Schrank versteckt, bis er zuschlagen will. Möglicherweise in einem Schrank im Aufenthaltsraum des Personals, wo er sich in ein Kellner-Rokoko-Kostüm zwängt. Aber die Kellner kennen sich untereinander alle und würden es bemerken, wenn ein Fremder sich zu ihnen gesellt.

Nein, ich tippe auf einen der Gäste. In der Einladung stand ‚plus eins', das heißt, jeder darf in Begleitung kommen, und für die Begleitung muss niemand bürgen.

Auch das Hermännchen hat sich zu zweit angemeldet. Und schon Sherlock Holmes wusste: Es ist immer die einfachste Lösung. Hermännchens Begleitung ist der Neunfingermann.

Oh, wie falsch ich damit liege! Aber das weiß ich ja in dem Moment noch nicht ...

Liftoff

Früher war mehr Lametta stimmt nicht.

Nicht hier und nicht heute.

Damit sich das Licht der riesigen Discokugel an der Decke in möglichst vielen Oberflächen fängt, habe ich vom Partyausstatter überall Lametta anbringen lassen: an Lampen, Bildern und Balken. Der Raum glitzert und strahlt.

Und als wäre ein Bus vorgefahren, treffen die Gäste alle gleichzeitig ein. Ich stehe an der Tür zum Festsaal und begrüße jeden mit Handschlag.

„Kilian, Carlos, Emilio – wie schön, euch zu sehen." Wir haben uns vor gerade mal drei Stunden getrennt, aber das sagt man eben so, und wenn ich es schon sage, dann auch mit Inbrunst.

„Isse doch selbstverständliche, wir mit dir feiere Party", ruft Emilio – in einem hautengen, weißen Elvis-Anzug inklusive Pailletten und Cape. Anscheinend ging er von einer Kostümparty aus. Aber ich muss zugeben, der Einteiler betont seinen Adoniskörper.

Er tritt ein und nimmt ein Glas Champagner von dem Tablett, mit dem ein Kellner alle Eintreffenden begrüßt.

„Wann gibt's was zu essen?", fragt Kirchbichler und schiebt sich an mir vorbei.

Carlos Meister küsst sich auf meinem nackten Arm vom Handgelenk über die Ellbogenkuhle bis hin zum Oberarm, da taucht plötzlich Arnaldur neben mir auf und tritt Carlos kräftig auf den Lacklederschuh.

„Oh Verzeihung, war das Ihr Fuß?", lispelt mein Isländer.

Einbeinig hüpft Carlos Meister daraufhin zu seinem Platz.

Ich muss sagen, es gefällt mir, wenn Arnaldur den besitzergreifenden Wikinger raushängen lässt.

Eine einzelne Frau älteren Semesters mit ondulierten Haaren schiebt ihren massigen Körper grußlos neben mich. Sie lässt ihre Blicke schweifen. Zu ihrem sehr schicken – dem Anlass allerdings nicht ganz angemessenen – Chanel-Kostüm trägt sie eine kleinwagengroße Handtasche, die sich an mehreren Stellen ausbeult. Moment mal, bewegen sich die Beulen? Lebt da was drin?

„Ist Herr DuBois gar nicht da?", fragt die ondulierte Frau enttäuscht. „Mein Mann, der Josef, hat immer gesagt, Pünktlichkeit ist die Höflichkeit der Könige."

Ich strecke ihr die Hand entgegen. „Sie müssen Frau Böhringer sein, wir wurden uns noch nicht offiziell vorgestellt."

Nein, *offiziell* nicht. Inoffiziell kenne ich sie natürlich – sie hat mit einer Schrotflinte auf Bröcki und mich angelegt.

„Kommt er denn noch?", will sie wissen und ignoriert meine ausgestreckte Hand.

„Äh ... Frau Böhringer ... haben Sie gar nicht mitbekommen, dass Yves der Juwelendieb ist? Er sitzt in Untersuchungshaft", sage ich.

„Unsinn, Yves hat mich für heute Abend eingeladen. Er muss also entlassen worden sein."

„Er hat was?" Kurzzeitig verliere ich die Contenance. *Yves, du Idiot!*

Ich packe ihren Unterarm, wozu ich beide Hände nehmen muss, und ziehe sie zur Seite. „Bitte, Frau Böhringer, wenn das die anderen Gäste hören, bricht womöglich eine Panik aus, wo er doch als der ... äh ... Juwelendieb gilt. Es soll unser süßes Geheimnis bleiben, ja? Ich führe Sie nachher zu ihm."

Die Witwe Böhringer hebt eine Augenbraue. „Aber bitte ein zeitnahes Nachher", verlangt sie.

„Ich begrüße nur rasch noch die ankommenden Gäste", versichere ich ihr.

Sie nimmt sich ein Glas Champagner und sucht sich mit ihrem Riesenaccessoire einen Platz, der für beide – sie und ihre Tasche – groß genug ist.

Und es geht weiter.

Ich schüttele eine Hand nach der anderen – Fischhände, Schraubzwingenhände, Schwitzhände.

Der Geräuschpegel steigt.

Und dann sind alle da – die Damen über und über mit Schmuck behängt, die Herren mit teuren Chronometern und Manschettenknöpfen und einige, darunter Emilio, auch mit Siegelringen.

„Auf in den Kampf", sage ich zu Arnaldur, der nicht von meiner Seite gewichen ist.

Ich lasse meinen Blick schweifen.

Herr und Frau Shen nebst zwei Bodyguards sitzen am Ehrentisch. Frau Shen, mit dem Daw'aljarub um den Hals, schaut entgeistert auf die Platzkarte. Ich will gar nicht wissen, was Arnaldur da kalligraphiert hat.

Meine Sanges-Kollegen sitzen alle an einem Tisch. Nur Veit Hofer hat seine Frau mitgebracht, die anderen sind solo.

Bröcki kniet, ebenso wie Herr Martini, vor dem Eisklotz und versucht, mit einem Lappen dem Schmelzwasser beizukommen. Hin und wieder wirft sie mir dabei bissige Blicke zu.

Papa hat das Hermännchen auf den freien Platz neben sich gesetzt. Sie ist dermaßen betrunken, dass sie immer wieder gegen seine Schulter sackt. Das hat er gut gemacht!

Auteuil ist oben bei den Monitoren, mit denen er das Geschehen aufnimmt. Er will sehen, ob alles einwandfrei funktioniert. „Dass der Dieb gleich zu Beginn der Party zuschlägt, ist ja nicht zu erwarten", hat er noch gesagt. Dann war er weg.

Das fällt dann wohl in die Kategorie ‚Berühmte letzte Worte' ...

Liftoff plus fünfzehn Minuten

‚Sei ganz du selbst' ist so ungefähr der schlechteste Ratschlag, den man jemandem geben kann.

Dennoch empfiehlt Arnaldur mir das. Und zwar gleich nachdem ich ihm, noch im Eingang zum Festsaal stehend, zugeflüstert habe: „Ich kann das nicht."

„Doch, du kannst das. Sei ganz du selbst."

Ich trete in die Raummitte, damit mich alle sehen können.

„Das Eis schmilzt schneller, als ich dachte, ich muss möglichst schnell anfangen", raunt mir Eisbildhauer Martini aus Kniehöhe zu. Er und Bröcki nehmen mit Putzlappen das Schmelzwasser auf und wringen es in einen Eimer. Sie wischen, was das Zeug hält.

Ich nicke ihnen zu.

Hannelore Böhringer schiebt sich neben mich. „Sie wollten mir doch sagen, wo ich Yves finde", zischelt sie.

Geht's noch?

„Gleich, Frau Böhringer, gleich."

Schmollend zieht sie ab.

Arnaldur nimmt ihren Platz ein. Er hat zwei Champagnergläser vom Tablett des Champagnerservierkellners genommen und stößt sie jetzt aneinander.

Pling-pling-pling.

Die Gespräche verstummen.

„Liebe Gäste ...", fange ich an. Und verstumme wieder.

Weil mir Arnaldurs Ratschlag plötzlich in riesigen Lettern vor Augen steht. Blinkend, wie eine Leuchtreklame.

Eigentlich sollte der Abend ganz geruhsam ablaufen. Wir essen, trinken und sitzen beieinander, bis der Neunfingermann geruht, zuzuschlagen.

Aber das bin ich nicht.

Ich kann niemand anderem die Kontrolle überlassen – *ich* sage, wo es langgeht. Immer. Also auch jetzt!

Einmal Diva, immer Diva.

Warum wie auf glühenden Kohlen sitzen und warten, ob – und wenn ja, wann – der Dieb zuschlägt, wenn man das mit einer einfachen Frage selber regeln kann? Eben.

Eine große, innere Ruhe kommt über mich. Ja, man soll immer man selbst sein!

„Liebe Gäste, ich wollte ein paar Worte sprechen und Sie dann mit Speis und Trank verwöhnen, aber deswegen sind wir nicht hier."

Bröcki ahnt, was kommt, und wirft Arnaldur panische Blicke zu. Ich sehe deutlich, dass sie an der Methode Miller zweifelt, aber ich werde sie eines Besseren belehren.

„Wappnen Sie sich", fahre ich fort, „denn es gibt jetzt einen Paukenschlag. Wir sind heute hier, weil ..."

„Weil ich etwas anzukündigen habe!", unterbricht mich Arnaldur rüde und nickt Bröcki zu. Dann stellt er die Champagnergläser beiseite, dreht sich zu mir und nimmt meine Hände.

Ich will ihn abschütteln, aber er zieht mich an sich und drückt mir einen Kuss auf die Lippen.

Ich hasse das!

Also, nicht den Kuss, der berührt mich – wie alle Küsse von Arnaldur – bis ins Mark. Aber bestimmt ist jetzt mein Lippenstift verschmiert, auch wenn es eine angeblich kussfeste französische Lippenstiftmarke ist, und ich hasse verschmierten Lippenstift.

Arni kniet sich auf den Boden in die Schmelzwasserpfütze und zieht eine kleine, ovale Schachtel aus der Innentasche seiner lila Samtsmokingjacke.

„Ich weiß, was jetzt kommt", juchzt das Hermännchen, das für meinen Geschmack etwas zu eng neben Papa sitzt.

Ein paar Leute applaudieren.

Ich kann nur mit offenem Mund Arnaldur anstarren.

Er lässt die Schachtel aufklappen, und ich sehe den zweitgrößten Diamanten hier im Raum. Zum Daw'aljarub gibt es noch einen himmelweiten Unterschied, aber die Diamanten der anderen anwesenden Damen lässt dieser Stein weit hinter sich.

Woher hat Arni nur das Geld, um so einen fetten Stein zu kaufen?, denke ich noch, da lispelt er schon: „Liebste Pauline, du Licht meines Lebens, du Schönste aller Schönen, ich liebe dich. Willst du meine Frau werden?"

Ich schlucke schwer.

Im Saal ist es absolut still. Man hört rein gar nichts. Bis auf das *pitsch-patsch-pitsch* des schmelzenden Eisblocks.

Man mag zur Ehe stehen, wie man will, aber nichts übertrifft an Dramatik, Spannung und Entertainment den Moment, in dem man miterlebt, wie jemand jemand anderem einen Heiratsantrag macht. Alle halten den Atem an.

In diese Stille hinein kreischt plötzlich ....

... die Kreissäge auf.

In einer Lautstärke, dass man sich wundern könnte, warum nicht unser aller Trommelfelle geplatzt sind. Nach nur wenigen Sekunden hat Bildhauer Martini mit der Säge aus dem Eisklotz ein Herz geformt.

Alle applaudieren erneut und schauen wieder zu mir. Jetzt allerdings wieder atmend. Arnaldur hat schon völlig durchnässte Knie.

Aber mir will das Ja einfach nicht über die Lippen kommen.

„Soll das heißen, du nimmst das Engagement in Perm nicht an?", frage ich leise.

„Natürlich nehme ich es an, das ist eine Jahrhundert-Chance!", sagt er und schaut mich an, als hätte ich von ihm verlangt, die Schwerkraft aufzuheben. „Aber ich will, dass du weißt, dass es für mich nur eine Frau gibt, immer geben wird. Du verlierst mich nicht, nur weil ich etwas weiter weg bin."

„Lauter!", ruft das Hermännchen lallend. „Man hört hier hinten gar nichts."

Genau das habe ich gebraucht!

Das Stichwort für einen Themenwechsel.

„Silke von Hermann, meine Damen und Herren", rufe ich und zeige mit dem Finger auf die Kollegin.

Arnaldurs Antrag überfordert mich gerade. Ich habe mit allem gerechnet, aber nicht damit. Hat er Papa deswegen auf eigene Kosten nach Bayreuth fliegen lassen? Und dann macht er auch noch so ein öffentliches Ding daraus. Meint Arni es wirklich ernst? Oder will er nur verhindern, dass ich damit herausplatze, wie wir den Dieb hier in eine Falle gelockt haben? Aber warum hatte er dann passenderweise einen Verlobungsring dabei?

Nein, ich will darüber nicht nachdenken.

Viel einfacher ist es, mit meinem ursprünglichen Plan weiterzumachen und ganz ich selbst zu sein.

„Meine Damen und Herren, auch ich habe eine Ankündigung zu machen: Silke von Hermann ist die Komplizin des Juwelendiebes!"

Ein Raunen läuft durch den Saal.

„Was?" Das Hermännchen wirkt auf einmal wie jemand, der mit einer brennenden Kerze in der Hand nach dem Loch in der Gasleitung gesucht hat. „Wie bitte?"

„Du bist die Komplizin des Neunfingermannes!"

Jetzt reden alle gleichzeitig.

Nur drei Personen lassen sich von dem Hype nicht anstecken: Bröcki rollt mit den Augen und wirft den Wischlappen von sich, Arni schmollt und Herr Martini strahlt und macht ein Foto von dem Herz aus Eis, bevor es in die ewigen Eisherzjagdgründe wegschmilzt.

„Du spinnst doch!", ruft das Hermännchen, das auf einen Schlag nüchtern geworden ist.

Sie steht auf und kommt auf mich zu.

„Ich bitte dich, du hast es mir doch selbst gestanden. Ich habe dein Geständnis aufgenommen!" Aus meiner Clutch ziehe ich mein Handy, rufe die QuickVoice-App auf und drücke auf *Wiedergabe*.

„Ich weiß, mit wem du zusammen bist!", hört man mich rufen.

Dann das Lachen des Hermännchens. *„Oh bitte, willst du jetzt etwa die moralische Keule schwingen? Ausgerechnet du? Wir Künstler stehen doch wohl über der kleingeistigen Vorstellung von ‚sowas tut man nicht'."*

„Du gibst es also zu?"

„Ja."

Triumphierend sehe ich mich um. „Sie haben es gehört, meine Damen und Herren. Silke von Hermann hat gestanden, die Komplizin des Juwelendiebes zu sein!"

Alle Augen zum Hermännchen. Ihr Gesicht hat eine ungute, rote Farbe angenommen.

Meine Mundwinkel verziehen sich triumphierend nach oben.

„Du hast sie doch nicht mehr alle. Ich habe keinen Juwelenraub zugegeben, nur meine Affäre!", kreischt sie. „Ich dachte, du sprichst von Emilio!"

Alle Augen auf Emilio Castilliani.

Der schnuffige Italiener kratzt sich an der Schläfe, steht auf und tritt neben das Hermännchen. Er legt seine Linke auf ihre Hüfte. „Wire unse lieben", säuselt er.

Das Hermännchen haucht einen Kuss auf seine verrucht bartstoppelige Wange. Mein Blick huscht rasch zu Papa, der die Stirn in Falten gelegt hat.

„Emilio ist verheiratet", seufzt das Hermännchen. „Aber unsere Liebe sprengt alle gesellschaftlichen Konventionen. Du musst ihn doch gesehen haben, als er aus der Apotheke kam?"

Ja, gesehen schon, nur nicht erkannt, wegen der Hutkrempe und des ungebügelten Anzugs, der seinen Waschbrettbauch versteckte.

Da fällt mir ein, dass es hier gar nicht um ein Gesicht geht, sondern um eine Hand. „Du warst *nicht* mit Emilio zusammen, sondern mit dem Neunfingermann!"

Ha, nimm das, Hermännchen!

Silke von Hermann schaut begriffsstutzig. „Ja. Eben. Emilio hat an der linken Hand nur vier Finger."

Mein Blick wandert zu ihrer Hüfte. Zur Sicherheit zähle ich nach. Eins, zwei, drei, vier, fünf.

„Quark", sage ich. „Emilio hat noch alle Finger. Und *außerdem* ...", ich rufe das *außerdem* wie einen Paukenschlag, „... außerdem hat der echte Juwelendieb schon mit mir geredet – und er spricht *akzentfrei*!"

Die Spannung im Raum ist greifbar. Keiner will auch nur die kleinste Kleinigkeit verpassen. Selbst die Shens, die ja nur Chinesisch sprechen, schauen wie gebannt.

Und das ist der Moment, in dem der Juwelendieb seine Tarnung fallen lässt.

„Wie amüsant, dass dir nie der Gedanke gekommen ist, dass man einen Akzent auch spielen kann", sagt Emilio, und er sagt es absolut akzentfrei. „Oder dass es für fehlende Finger Prothesen geben könnte ..."

Castilliani packt den Ringfinger seiner linken Hand ... ... und zieht ihn ab.

Der Siegelring, den er am Finger trug, war nicht zur Zierde gedacht, sondern als Sichtschutz für die Stelle, an der der Fingerstumpen in die Prothese übergeht.

Während wir alle nach Luft schnappen und auf seine linke Hand starren, zieht er mit der rechten ein schmales Stilett aus der riesigen Gürtelschnalle seines Elvis-Kostüms. Mit einer fließenden Bewegung packt er das Hermännchen und hält ihr das Stilett an die Kehle.

Sie schreit auf.

Wir anderen auch.

Das ist nicht nur Show, an ihrem Hals taucht ein roter Tropfen auf, der zu einem dünnen Faden wird.

Aus Richtung des Sängertisches hört man ein dumpfes Plopp. Da ist dann wohl Kirchbichler, der Blutphobiker, wieder mal besinnungslos vom Stuhl gerutscht.

Ein paar Herren springen auf, darunter auch die beiden Leibwächter der Shens, aber Castilliani ruft: „Nicht doch, Sie wollen sich doch nicht schuldig am Tod von Silke von Hermann machen? Bleiben Sie bitte alle auf Ihren Plätzen." Als wolle er seine mörderische Absicht unterstreichen, presst er das Stilett tiefer in ihren Hals. Aus dem dünnen Faden wird ein stetes, wenn auch schmales Rinnsal.

Dennoch bin ich nicht hundertprozentig überzeugt, dass das nicht womöglich ein abgekartetes Spiel zwischen Emilio und dem Hermännchen ist, auch wenn sie jetzt totenbleich ist und jämmerlich winselt.

„Du bist also wirklich der Juwelendieb?" Ich schüttele den Kopf.

Er grinst. „Ich weiß, ich *weiß*! Als wir uns neulich auf dem Dach begegnet sind, brannte es mir unter den Nägeln, mir die Maske vom Kopf zu reißen, nur um deinen Gesichtsausdruck zu sehen." Er lacht. „Aber in diesen Genuss komme ich ja nun gerade."

„Deine Anwesenheit an all den Festspielorten, an denen Diebstähle stattfanden, lässt sich also leicht erklären – du bist dort als Sänger aufgetreten. Tja, nachgerade geniales Alibi. Vermutlich hast du gewusst, dass du es als Sänger nie wirklich weit bringen würdest, und hast dir deshalb ein zweites Standbein geschaffen ..."

Arnaldur stößt mich in die Rippen. „Pauline!", zischelt er warnend.

„Paulinchen, Liebelein", ruft Castilliani, dem das Lachen vergangen ist, „deine Miss-Marple-Ausführungen will niemand hören. Wärst du stattdessen so lieb, mit dem Brotkorb die Runde zu machen? Und würden bitte alle Damen ihren Schmuck in den Korb geben? Auch Sie, Frau Shen!"

Eine Sekunde lang wechseln wir alle zweifelnde Blicke, dann drückt Castilliani das Stilett so tief in den Hals des Hermännchens, dass das Blut kräftig strömt.

„Etwas mehr Tempo", bittet er. „Oder muss ich erst die Halsschlagader von Silke durchtrennen?"

Ich ziehe die Ohrringe meiner Oma ab und werfe sie zusammen mit meiner Armbanduhr in den Korb.

„Großer Gott, das kannst du behalten, Pauly", lästert Castilliani. „Ich will nur wirklich Wertvolles."

Ich sage nichts, drehe einfach die Runde.

Eine nach der anderen gibt ihre Juwelen in den Brotkorb. Frau Shen zögert kurz, dann nimmt sie die Kette mit dem Daw'aljarub ab und legt sie behutsam auf den Berg von Preziosen.

„Na also, geht doch", freut sich Castilliani. „Und jetzt her mit dem Korb."

Ich gehe auf ihn zu.

„Tu nichts Unbedachtes, Pauly, oder Silke stirbt!", warnt er mich.

Das Hermännchen schaut mich aus vor Angst tellergroßen Augen zweifelnd an. Sie weiß, wie wenig ich sie leiden kann. Aber tot will ich sie nun auch wieder nicht sehen.

„Und leg noch Silkes Zaren-Tiara mit in den Korb, bist du so lieb?" Castilliani zeigt mir mit einem fiesen Haifischlächeln sein Gebiss.

Ich ziehe dem Hermännchen die Tiara vom Blondhaar und lege sie in den Korb.

Millimeterweise weicht Castilliani daraufhin zur Tür zurück und zieht dabei das Hermännchen mit sich.

Keiner rührt sich. Zu sehr ist uns allen bewusst, dass hier ein Menschenleben auf dem Spiel steht.

Ich schaue zu den Leibwächtern der Shens, die doch bestimmt Ninjas sein müssen und durch die Luft fliegen können, um diesen verdammten Castilliani auszuschalten, aber dann fällt mir ein, dass Ninjas aus Japan kommen, die Leibwächter dagegen aus China, also können sie höchstens zweckentfremdete Shaolin-Mönche sein, die zwar auch durch die Luft fliegen können, aber nicht, um einen Dieb zu exekutieren, sondern höchstens, um ihn durch das Deklamieren der Weisheiten des Konfuzius zu einer Sinnesänderung zu bringen ...

Was soll ich sagen? In Stresssituationen neige ich zu gedanklichem Abschweifen ...

„Wenn sich jetzt bitte alle, die nicht sitzen, hinknien würden ...", verlangt Castilliani.

Alle gehorchen, auch die Kellner – nur ich stehe noch wie eine Eins mitten im Raum.

„Wenn du jetzt rausgehst, wirst du nie wieder auftreten können", sage ich, weil das das Schlimmste ist, womit man mir drohen könnte.

Bei Castilliani ist das anders. Er kichert. „Ich habe ausgesorgt. Mit den Einnahmen von heute Abend werde ich für den Rest meines Lebens im Geld schwimmen. Damit kann ich mir sogar, sollte mir der Sinn danach stehen, im brasilianischen Regenwald ein Opernhaus bauen, in dem ich dann jeden Abend vor musikliebenden Indios auftrete. Aber ich denke ... eher nicht."

Das Hermännchen gurgelt. Es klingt bemerkenswert final. Ausgeblutet kann sie noch nicht sein, oder?

Castilliani ist jetzt an der Tür. „Meine Damen und Herren, es war mir ein Vergnügen. Arrivederci!"

Er reißt die Tür auf und lässt im selben Moment das Hermännchen los, das wie tot zu Boden sackt.

Ich frage mich gerade, wie er jetzt abhauen will, wo er doch keine Geisel mehr hat, die ihm als lebendes Schutzschild dient, da wirft er etwas in meine Richtung.

Bevor die Blendgranate hochgeht, sehe ich in einer letzten Einstellung, wie Castilliani sich umdreht, um davonzulaufen, aber auf Yves prallt, der unversehens im offenen Türrahmen auftaucht. Zu Yves' Füßen mein Radames, der sich in Castillianis Knöchel verbeißt, aber gleich darauf von Castilliani – noch im Fallen – in hohem Bogen in den Saal gekickt wird.

Mein Entsetzensschrei ertönt im selben Bruchteil der Sekunde, in dem auch die Blendgranate explodiert.

Ein gleißendes Licht, dann sehe ich nichts mehr.

Ich höre nur noch ein Dauerpiepen.

Und ...

... eine Katze.

Eine Katze, die miaut.

Liftoff plus achtundzwanzig Minuten

Die Zeit, das Universum – alles ist zum Stillstand gekommen. Zum Stillstand, aber nicht zur Ruhe.

Um mich herum schreien Menschen, miaut eine Katze, scheppert Geschirr, jault eine Alarmanlage, pfeift mein Tinnitus.

„Bitte bewahren Sie Ruhe!", ruft Michel Auteuil über den Lärm hinweg.

Ich höre ein Röcheln und eine keuchende Stimme, die ruft: „Hilfe ... ich ersticke ... nehmt die Katze weg ... Luft, mehr Luft ..."

„Bewahren Sie Ruhe, Polizei und Rettungskräfte sind vor Ort", ruft Pittertatscher.

Von fern hört man nahende Sirenen.

Eine Frauenstimme ruft: „Xerxes, Xerxes – komm zu Mami!"

Jemand niest.

Aber all das kümmert mich nicht.

Fast blind wie ein Maulwurf, mit tränenden Augen, taste ich mich über den Boden an die Stelle, wo mein kleiner Radames gelandet sein muss.

Ich schiebe einen Körper beiseite. Da es ein durchnässter, schwerer Körper ist, tippe ich auf Martini, den Eisbildhauer.

Und dann – mitten im Tohuwabohu – ertastet meine Hand eine Pfote.

Ich ziehe den reglosen Hundekörper zu mir. „Wach auf, mein Kleiner, wach auf!", gurre ich.

Neben mir kommt jemand angekrochen. Eine Hand tastet sich zum Hundebäuchlein. Sie gehört Arnaldur. „Der ist nicht narkoleptisch weggetreten, er hat keinen Herzschlag mehr!"

Mein kleiner Liebling soll tot sein. Tot? NEIN!

Meine Welt implodiert. Aber wenn das Schicksal dir einen rechten Haken versetzt, heißt das noch lange nicht, dass du zu Boden gehen und dich auszählen lassen musst. Kämpfe! Kämpfe, mit allem, was du hast!

„Holt einen Defibrillator!", brülle ich, knie mich neben Radames und presse die Hand auf seinen kleinen

Brustkorb. Ich drücke, natürlich sensibel. „Und einen Tierarzt!"

Das erste Licht erhellt die Dunkelheit. Die Wirkung der Blendgranate lässt nach.

Ich beuge mich vor, neige das Köpfchen von Radames in den Nacken, verschließe sein Näschen mit der Hand und atme in sein Mäulchen.

Nicht sterben, nicht sterben, erteile ich ihm einen lautlosen Gedankenbefehl. Frauchen braucht dich noch!

Ich hole tief Luft und beatme Radames ein zweites Mal.

Immer wieder massiere ich den kleinen Hundebrustkasten – drück, drück, drück, drück – und gebe ihm dann den Kuss des Lebens.

„Aus dem Weg!", herrscht da eine Stimme. Es ist Bröckis Stimme.

Und gleich darauf ergießt sich ein Eimer eiskalten Wassers über Radames. Nun ja, das Meiste ergießt sich über mich und lässt mich schlagartig gänsehäuteln, aber einiges davon landet auch auf Radames.

Der rollt sich auf den Bauch, schüttelt sich und kläfft und kläfft und kläfft.

Er lebt!

Mir laufen die Tränen nur so über das Gesicht. Ich könnte Bröcki küssen!

Bröcki ahnt das und zieht eine Schnute. „Bäh, untersteh dich! Dein Mund hat gerade eine Hundeschnauze geküsst!"

Vorhang

„Dass man durch Bayreuth muss auf dem Weg zum Glück"
Epilog

Das Leben ist kein Märchen. Wenn man um Mitternacht seinen Stöckelschuh verliert ... dann ist man einfach nur betrunken! Es kommt kein Prinz.

Oder doch? Vielleicht nicht nur ein Prinz, sondern sogar drei? Während ich auf dem nassen Boden des Festsaals der *Silbernen Traube* saß und meinen geliebten Radames an meinen üppigen Busen presste, kniete Michel Auteuil neben mir nieder und fragte besorgt: „Alles in Ordnung?" Arnaldur kniete derweil im Flur, wohin sich der Inhalt des Brotkorbes ergossen hatte, als Castilliani nach dem Abwurf der Blendgranate auf seiner Flucht durch ein unerwartet auftauchendes Hindernis namens Yves so abrupt aufgehalten worden war. In dem Durcheinander von Preziosen, die wie Streuobst herumlagen, suchte er nach seinem Verlobungsring. Was irgendwie herzerwärmend war. Sollte ich meinem Isländer das Ja-Wort geben, obwohl er ein Macho war, der sein Frauchen in lebensverändernde Entscheidungen nicht von Anfang an einschloss? Oder sollte ich zu neuen Ufern aufbrechen und mich einem Schweizer Versicherungsagenten zuwenden, der eindeutig Interesse bekundete? Oder sollte ich den Männern vorerst abschwören und mein Leben weiterhin exklusiv mit dem Prinzen teilen, für den ich bis zum allerletzten Hechelatmer die einzige, die wunderbarste, die geliebteste Frau sein würde – mit Radames?

Bis zum Ende der Saison in Bayreuth – die wir furi-
os umjubelt durchzogen, weil Castilliani durch einen
großartigen Waliser Bariton ersetzt werden konnte
und während der ich bei mindestens drei Vorstellungen meinen Stalker mit seiner Mutter in der ersten
Reihe ausmachte –, klemmte eine Ansichtskarte hinter
dem Spiegel im Hotelbadezimmer:

*Hund oder Mann? Die Frage ist doch: Will man sich
nur den Teppich versauen lassen oder das ganze Leben?*

Ich überlege noch ...

Erst als Polizei und Rettungskräfte schon längst eingetroffen waren und Erstversorgung leisteten, fiel mir
auf, dass ein ganz bestimmter Mann nicht neben mir
kniete. Ein Mann, der ein angekokeltes Rüschenhemd
trug. Mein Vater!

Und in dem Moment, in dem die Sorge in mir hoch-
kriechen wollte und ich ihn vor meinem inneren Auge
schon herzinfarktet neben Kirchbichler auf dem Boden liegen sah, entdeckte ich ihn. Er kniete neben einer
anderen Frau und hielt ihre Hand. Hm, hatte er mich
verwechselt?

„Hermännchen, halte durch, alles wird gut!", hörte
ich ihn sagen.

Und mir fiel wieder ein, wie oft Papa im letzten
Sommer in Bregenz – nach Eau de Cologne duftend –
unsere Villa verlassen hatte. Und dass man mir zugetragen hatte, man hätte ihn mit einer jüngeren Frau
gesehen. In Bregenz, wo auch Silke von Hermann gesungen hatte.

Papa und das Hermännchen?

Mir schockstockte der Atem.

Der Sanitäter, der in diesem Augenblick an mir vorbeikam, sah mich erbleichen, fühlte nach meinem Puls und rief besorgt: „Schnell, Leute, bringt ein Sauerstoffgerät!"

Pittertatscher, der vor der Tür zum Hof Wache geschoben hatte, kümmerte sich vorbildlich darum, dass keins der Schmuckstücke abhandenkam – weder der Daw'aljarub noch die Ohrringe meiner Oma (die ich natürlich nicht wieder aus dem Brotkorb gefischt hatte).

Emilio Castilliani wurde an diesem Abend am schwersten verletzt. Er erlitt einen akuten Atemstillstand, weil – von irgendwoher – ein Perserkater den Weg zu ihm gefunden hatte, als Castilliani nach dem Zusammenprall mit Yves und dem Wegkicken von Radames zu Boden gefallen war. Und als die Blendgranate detonierte, verkrallte sich der Perser vor Schreck in Castillianis Gesicht. Castillianis allergische Reaktion explodierte gewissermaßen zeitgleich mit der Granate – und die Kratzer infizierten sich später auch noch böse. Instant Karma!

Der Kater war allerdings nicht von irgendwoher gekommen, sondern stammte aus der Tasche der Witwe Böhringer, die – ebenso wie ich – nie ohne ihren kleinen Liebling das Haus verließ.

Weil im Getümmel Castillianis Herrenhandtasche mit der Adrenalinspritze nicht zu finden war, stand es einen Moment auf der Kippe. Nur für Castilliani, nicht für Kater Xerxes. Den fand man kurz darauf in einer Mülltonne auf dem Hinterhof, genüsslich an einem Süßwarenpapier schleckend.

Später erfuhren wir die ganze Wahrheit über Castilliani: Er hatte im Alter von vierzehn Jahren bei einem Bootsunfall vor der Amalfi-Küste seinen linken Ringfinger verloren, was er aus Eitelkeit nie öffentlich zugab, finanzierte sein Studium an der Musikschule als männliches Mannequin auf den Laufstegen von Mailand und nahm seine Prothese auf Raubzügen ab, damit er sie im Eifer des Gefechts nicht verlor. Und – Tusch! – er war nicht nur Juwelendieb, sondern auch Bigamist. Er hatte eine Ehefrau und drei Kinder in Palermo und eine weitere Ehefrau und zwei Kinder in Rom, und wenn er sich nicht von mir und meinen Mannen hätte schnappen lassen, hätte er womöglich auch noch das Hermännchen geheiratet.

Was lernen wir daraus? Erstens: Wenn man erfolgreich als Bigamist und Krimineller arbeiten will, sollte man zur Tarnung Opernsänger werden – man kommt durch die Engagements viel herum und kann immer eine Ausrede vorschieben. Zweitens: Würde ich nicht immer meine Nase in alles stecken, hätte die Romanze zwischen Papa und dem Hermännchen dort geendet, wo sie auch begann: in Bregenz. Als kurze Affäre. Aber *weil* ich meine Nase immer in alles stecken muss, konnten die beiden sich nach dem Showdown in Bayreuth erneut einander zuwenden. Papa tröstete das Hermännchen in ihrem Liebeskummer-Herzschmerz, und womöglich muss ich bald „Mama" zu ihr sagen ...

Yves bekam dann doch keinen Finderlohn von der Versicherung. Michel Auteuil erklärte zwar in einer eidesstattlichen Aussage, dass man Emilio Castilliani ohne Yves-François DuBois niemals hätte ergreifen können, aber die Versicherung argumentierte, dass Yves nur aufgrund eigener krimineller Aktivitäten Kenntnis von der Identität des wahren Täters hatte, und sie verwies auf das Kleingedruckte, dass nämlich strafbare Handlungen von der Ausschüttung der Summe disqualifizierten.

Yves war dennoch wieder ganz der Alte. Ein anonymer Spender finanzierte das Studium seines Sohnes an der Privat-Uni, wie er uns erzählte. Die Summe, die auf dem Konto meines schwer gerührten und geschüttelten Countertenors einging, reichte sogar aus, dass das Balg zwei Ehrenrunden einlegen konnte.

Weil Yves kurz darauf aber bei der Witwe Böhringer einzog, weswegen er Bröcki und mich auch nicht zu meinem nächsten Engagement nach Wien begleiten kann, gehe ich schwer davon aus, dass es sich um eine Spender*in* handelt und dass sie nicht ganz so anonym ist.

Unser Fotoshooting im Hofgarten konnte natürlich nicht wiederholt werden. Dass die Bildstrecke dennoch erschien, ist nur dem Umstand zu verdanken, dass sich Yoshihito trotz größter künstlerischer Bedenken damit einverstanden erklärte, eins der Probefotos zu verwenden, mit denen er eigentlich nur die Lichtverhältnisse testen wollte. Auf dem Foto hat er den Moment eingefangen, in dem wir alle wartend herumstehen, während Maria, die italienische Visagistin, die glänzende Nase von Kilian Kirchbichler abpudert. Wegen der schwülen Hitze trägt sie nur ein Bikini-Top und mega-kurze, mega-enge Hot Pants, beides in Blutrot. Man sieht sie von hinten, wie sie auf Zehenspitzen steht, um mit der Puderquaste an die Fettnase des mächtigen Kirchbichler heranzukommen. Für dieses Foto erhielt Yoshihito im Jahr darauf den Internationalen Fotografenpreis der Vereinten Nationen und Maria wurde wegen ihrer entzückenden Kehrseite als Model entdeckt und zum Covergirl des neuen Pirelli-Kalenders gekürt.

Ende

PS: Die Kerbe in der Standuhr in der Lobby des Frei-
maurermuseums kann man immer noch sehen.

Zugabe

Pauline Miller, beziehen Sie Stellung!

Von: Redaktion@opernzeitung.de
An: Info@BroeckingerAgentur.com

Sehr geehrte Frau Bröckinger,
Für unsere Rubrik „Stars hautnah" interviewen wir Prominenz der Opernwelt. Für die nächste Ausgabe unseres Magazins haben wir dabei an Frau Pauline Miller gedacht. Ob sie wohl bereit wäre, die nachfolgend angeführten Fragen möglichst <u>rasch</u> für uns zu beantworten?
Hochachtungsvoll, Lissy Berg (Volontärin)

Von: Redaktion@opernzeitung.de
An: Info@BroeckingerAgentur.com

Sehr geehrte Frau Bröckinger,
Hoppla, da habe ich doch glatt den Anhang vergessen –
Verzeihung. Hier jetzt die Fragen!
LG, Lissy Berg (Volontärin)
Anhang

Von: Info@BroeckingerAgentur.com
An: Redaktion@opernzeitung.de

Sehr geehrte Frau Berg,
haben Sie vielen Dank für Ihre freundliche Anfrage an Frau Miller. Ich werde sie umgehend weiterleiten und Frau Miller bitten, Ihnen trotz der intensiven Proben in Bayreuth zeitnah zu antworten.
Mit freundlichen Grüßen,
Marie-Luise Bröckinger

Pauly,
offenbar bist du ein Nachrücker für die Interviewseite
der Opernzeitung – die wollen postwendend (am bes-
ten noch gestern) eine Rückmeldung.
Die Opernzeitung ist wichtig!!! Also beantworte die
Fragen. Aber zackig!
Bröcki
Anhang

Ich krieg den blöden Anhang nicht auf!

Pauly, Schätzchen –
echt jetzt? Bin ich hier im Kindergarten? (Kraft-
wort) Also gut, du klickst auf *Anhang*, dann auf *Nach
Download öffnen* und wenn unten links ein Fenster
aufploppt, dann klickst du auf *Anzeigen*, das ist alles.
(Kraftwort).
B.
(Batterie an genervten Emojis)

Von: Info@Pauline-Miller.com
An: Info@BroeckingerAgentur.com

Okay, Anhang ist offen. ABER ... das sind ja EINE MILLION Fragen! Dafür habe ich jetzt echt nicht den Nerv!

Von: Info@BroeckingerAgentur.com
An: Info@Pauline-Miller.com

Zick nicht rum! Das soll keine Doktorarbeit werden – schreib einfach irgendwas. Und zwar jetzt sofort!!!!
PS: Gib dir gefälligst Mühe, du musst sympathisch und liebenswert und unzickig rüberkommen!
PPS: Wenn Du es nicht machst, mach ich es!!!

Von: Info@Pauline-Miller.com
An: Info@BroeckingerAgentur.com

Okay, hab die Fragen beantwortet. Besser ich, als dass Du mich wie eine Langweilerin dastehen lässt. Leitest Du das jetzt weiter oder wie?

Was essen Sie zum Frühstück?
Kaffee. Und Mozartkugeln.

Wo kaufen Sie Ihre Kleidung ein?
Ich lasse schneidern. Meine Lieblingsdesigner entwerfen speziell für mich – Karl Lagerfeld, Dolce & Gabbana, Armani, Stella McCartney.

Tragen Sie zu Hause Jogginghosen?
Zuletzt einen rosa Jogginganzug zu einer Lösegeld-übergabe. Seitdem nie wieder!

Haben Sie Stil-Vorbilder?
Audrey Hepburn.

Mit welchem selbst zubereiteten Essen konnten Sie schon Freunde beeindrucken?
Wirklich, wirklich *hart* gekochte Eier.

Welche Zeitungen und Magazine lesen Sie?
Die Vogue, natürlich. Das reicht.

Welche Oper lieben Sie am meisten?
Die Zauberflöte. Dann kommt lange nichts. Und dann kommen gleich Musicals.

Ihre Lieblingsvornamen?
Radames, wie mein süßer Boston Terrier.

Was ist Ihr größtes Talent?
Neben meiner Sangesgabe? Vermutlich meine Verträg-lichkeit. Ich bin pflegeleicht im Umgang und stehe allem Neuen offen gegenüber.

Was ist Ihre größte Schwäche?
Mein Perfektionismus.

Sind Sie abergläubisch?
Und wie! Ich habe alles – Hasenpfote, Glücks-Cent, Auge der Fatima als Anhänger und immer einen Salz-streuer in der Handtasche.

Wie lautet Ihr Lebensmotto?
Carpe diem!

Von: Info@BroeckingerAgentur.com
An: Info@Pauline-Miller.com

Ganz wunderbare Antworten, liebste Pauly. Ich habe
nur hier und da eine Kleinigkeit schnittiger formuliert
und Deine Mail dann an die Opernzeitung weiterge-
leitet.
Kusshand, Bröcki

Von: Info@BroeckingerAgentur.com
An: Redaktion@opernzeitung.de

Sehr geehrte Frau Berg,
hier nun Pauline Millers Antworten auf Ihre Fragen.
Ein aktuelles Pressefoto habe ich ebenfalls beigefügt.

Mit besten Grüßen
Marie-Luise Bröckinger

Was essen Sie zum Frühstück?
Kräutertee, Joghurt, etwas Obst.

Wo kaufen Sie Ihre Kleidung ein?
Am liebsten trage ich Vintage-Kleider, die ich in Second-
Hand-Läden kaufe.

Tragen Sie zu Hause Jogginghosen?
Ja genau, woher wissen Sie?!

Haben Sie Stil-Vorbilder?
Audrey Hepburn.

Mit welchem selbst zubereiteten Essen konnten Sie schon Freunde beeindrucken?
Mit meinen Pasta-Gerichten. Ich liebe die italienische Küche.

Welche Zeitungen und Magazine lesen Sie?
Die *Opernzeitung*, natürlich. Und alle relevanten Tageszeitungen. Ich informiere mich gern über das Tagesgeschehen.

Welche Oper lieben Sie am meisten?
Immer die Oper, in der ich gerade singe.

Ihre Lieblingsvornamen?
Radames, wie mein süßer Boston Terrier.

Was ist Ihr größtes Talent?
Das Geschenk, singen zu dürfen.

Was ist Ihre größte Schwäche?
Mein Perfektionismus.

Sind Sie abergläubisch?
Nein, gar nicht. Als moderne Frau stehe ich mit beiden Beinen fest auf dem Boden der Realität.

Wie lautet Ihr Lebensmotto?
Packen wir's an!

Von: Redaktion@opernzeitung.de
An: Info@BroeckingerAgentur.com

Sehr geehrte Frau Bröckinger,
ein wirklich sehr schöner Text, vielen Dank! Nur eine Bitte: Aus produktionstechnischen Gründen benötigen wir ein Foto im Querformat. Könnten Sie das noch nachliefern? Besten Dank im Voraus.
LG, Lissy Berg (Volontärin)

Von: Info@BroeckingerAgentur.com
An: Redaktion@opernzeitung.de

Anbei ein Pressefoto von Pauline Miller im Querformat. Mfg, MLB

Von: Redaktion@opernzeitung.de
An: Info@BroeckingerAgentur.com

Sehr geehrte Frau Bröckinger,
vielen Dank für Ihre Mühe. Leider haben wir jetzt aus tagesaktuellen Gründen ein Interview mit dem neuen Traumpaar der Oper, Kilian Kirchbichler und Silke von Hermann, vorgezogen. Gern versuchen wir, das Interview mit Frau Miller zu einem späteren Zeitpunkt abzudrucken. Wir geben gegebenenfalls rechtzeitig Bescheid.
LG, Lissy Berg (Volontärin)

Danksagungen

Ein Schriftsteller ist ein Mensch, der Koffein in Bücher verwandeln kann ...

... aber natürlich hat mir nicht nur Kaffee (hektoliterweise getrunken) zur Fertigstellung dieses Buches verholfen, es haben auch Menschen und Institutionen ihren Teil dazu beigetragen:

Ich danke meinem Verlag und insbesondere meiner Lektorin Linda Müller. Und ich danke dem Second IT Store im Steinbeisweg in Schwäbisch Hall (wer mir auf Facebook folgt, weiß um die Gründe dafür).

Als Schriftstellerin läuft man ja immer Gefahr, am Computer zu vereinsamen und so lange vor sich hinzuköcheln, bis man nicht mehr über den Tellerrand schauen kann. Darum braucht es Menschen, die einen aus dem Teller lupfen und zu neuen Taten inspirieren. Ein dickes Dankeschön daher an Monika Hirschle, Felix Behrendt, Ben Willikens und Jen Sincero sowie an meinen wunderbaren Kollegen Sunil Mann, der zeitgleich mit mir durch die Ziellinie musste und es eine Nasenlänge früher schaffte (Chapeau!).

Das * aus der Widmung gilt meiner wunderbaren, großherzigen, hochtalentierten, engagierten Freundin und Kollegin Nina George, die das Unmögliche überhaupt erst möglich machte – der nächste Schampus geht auf mich!

Inhalt